建筑工程制图

（含习题集）

主　编　王瑞红　任文革
副主编　樊振旺　张若琼　史晓红
　　　　王晓庆　樊培利　许　苗
主　审　张文俊

北京理工大学出版社
BEIJING INSTITUTE OF TECHNOLOGY PRESS

内容提要

　　本书共分为10个项目，主要内容包括制图基本知识，投影基本知识，点、直线、平面的投影，基本体的投影，轴测图，立体表面交线，组合体，建筑图样画法，钢筋混凝土结构图，建筑施工图等。

　　本书附有配套习题集，可供高等院校土木工程类相关专业教学使用，也可供土建类工程技术人员阅读参考。

图书在版编目(CIP)数据

建筑工程制图：含习题集／王瑞红，任文革主编．—北京：北京理工大学出版社，2017.9
ISBN 978-7-5682-4734-4

Ⅰ.①建… 　Ⅱ.①王… ②任… 　Ⅲ.①建筑制图－高等学校－教材　Ⅳ.①TU204

中国版本图书馆CIP数据核字(2017)第205719号

出版发行／北京理工大学出版社有限责任公司
社　　址／北京市海淀区中关村南大街5号
邮　　编／100081
电　　话／(010)68914775(总编室)
　　　　　(010)82562903(教材售后服务热线)
　　　　　(010)68948351(其他图书服务热线)
网　　址／http://www.bitpress.com.cn
经　　销／全国各地新华书店
印　　刷／北京紫瑞利印刷有限公司
开　　本／787毫米×1092毫米　1/16
印　　张／19.5　　　　　　　　　　　　　　　　　　责任编辑／李玉昌
字　　数／438千字　　　　　　　　　　　　　　　　文案编辑／韩艳方
版　　次／2017年9月第1版　2017年9月第1次印刷　　责任校对／周瑞红
定　　价／82.00元(含习题集)　　　　　　　　　　　责任印制／边心超

前　言

为适应高等院校培养高技能、应用型人才的需要，本书在编写过程中突出了以下特点：

（1）科学缜密、严谨规范。采用国家最新制图标准，力求概念清楚、图样精确、文字清晰、叙述流畅、前后贯通。

（2）精选内容、避繁就简。严格控制教学难度，以必需、够用为原则，教学内容由浅入深，循序渐进，使之符合学生的知识基础和认知能力。

（3）结合实际、培养技能。配有学习目标、例题、特别提示、小结等，融"教、学、练、做"于一体，体现了知识、技能、素质的协调发展。

本书由王瑞红、任文革担任主编，樊振旺、张若琼、史晓红、王晓庆、樊培利、许苗担任副主编。具体编写分工为：樊培利编写项目一、项目二，王瑞红编写项目三，王晓庆编写项目四、项目五，史晓红编写项目六，张若琼编写项目七，樊振旺编写绪论、项目八，任文革编写项目九，许苗编写项目十。全书由张文俊主审。

本书在编写过程中，得到了山西湟栋房地产开发有限公司、山西河东建筑工程有限公司各位老师和工程技术人员的大力支持和无私帮助，在此深表感谢！

由于编者水平有限，经验不足，加之编写时间仓促，书中疏漏之处在所难免，恳请广大读者不吝指正。

编　者

目 录

绪　论

建筑工程图样是建筑行业最基础的技术资料，是工程界通用的"技术语言"，正确阅读工程图样是进入建筑行业工作必备的基本素质之一，也是最重要的一项基本技能。在学习建筑行业各类专业课程之前，首先必须学习并掌握一种基本技能，这种技能来源于《建筑工程制图》课程的学习。

《建筑工程制图》着重研究绘制、阅读建筑工程图样的理论和方法，培养学生具有绘制和阅读建筑工程图样的基本技能，精通工程界的技术语言，使学生具有绘图和读图的能力，养成认真负责的工作态度和严谨细致的工作作风，为继续学习及以后的工作打好必要的基础。

一、本课程的研究对象

工程制图是研究工程图样的正确绘制和阅读以及用正投影法解决空间几何问题的一门学科。

本课程的研究对象是工程图样。工程图样是根据画法几何原理，按照制图标准和制图方法绘制而成的，它能准确表达工程建筑物的形状、大小、材料、构造及相关技术要求，是工程技术人员用以表达设计意图、组织生产施工、进行技术交流的重要技术文件，也是工程造价预算和竣工验收时最重要的依据。

因此，工程图样被喻为"工程技术语言"。

二、本课程的目的和任务

(一)本课程的目的

本课程的目的是培养学生绘制和阅读工程图样的基本技能以及几何形体的设计能力，同时，培养、提高和增强学生的空间想象能力和分析能力。

(二)本课程的任务

(1)培养正确使用绘图工具和仪器的方法。

(2)掌握正投影的基本理论及应用。

(3)培养正确绘制工程图样的能力。

(4)培养正确阅读工程图样的能力。

(5)贯彻国家制图标准，培养查阅标准件、标准结构的能力。

(6)培养认真负责的工作态度和严谨细致的工作作风。

三、本课程的主要内容

本课程主要包括制图的基本知识和技能、投影的基本知识、投影制图、建筑工程图四部分内容。

(1)制图的基本知识和技能：基本制图标准、绘图工具和仪器的使用方法、几何作图方法等。

(2)投影的基本知识：投影的概念、正投影的基本特征、物体三视图的形成等。

(3)投影制图：是制图的基本理论基础，掌握用正投影表达空间几何形体的方法。

(4)建筑工程图：了解建筑施工图的形成及表达内容，掌握建筑平面图、立面图、剖面图的绘制和识读方法。

四、本课程的学习方法

(1)理论联系实际。在认识点、线、面、体的投影规律上不断地由物画图，由图想物，分析和想象空间形体与图纸上图形之间的对应关系，逐步提高空间想象能力和空间分析能力。

(2)主动学习。本课程前后知识的关联度较大，在学习过程中均有重复。因此，在课堂上应专心听讲，在小组活动中应积极发言，配合教师循序渐进，捕捉要点，记下重点。

(3)及时复习，独立完成作业。本课程作业量较大，且前后联系紧密，环环相扣，须做到每一次学习之后，及时完成相应的练习和作业，否则将直接影响下次的学习效果。要勤于练习，多看、多画、多想，才能获得良好的效果。

(4)遵守国家制图标准的有关规定。国家制图标准的基本规定是制图的准绳，必须严格遵守。只有按制图标准作图，才能使工程图样真正成为合格的技术文件。

总之，只要刻苦、认真、努力学习，注意与工程实际相结合，一定能学好本课程。

项目一　制图基本知识

学习目标

掌握常用绘图工具和仪器的使用方法，熟悉基本制图标准，掌握几何作图方法和平面图形的画法。

任务一　绘图工具和仪器

"工欲善其事，必先利其器"。只有具备必要的绘图工具，并掌握正确的使用方法，才能提高绘图的速度和质量。

一、图板

图板用来固定图纸及作为丁字尺的导边。如图 1-1 所示，图板四周镶有平直的硬木条或铝边，以防止图板变形，并可作为丁字尺的导边。图板有大小不同的规格，常用的规格有 A0、A1、A2 等，用时可根据需要进行选择。校用一般为便携式，设计时，一般固定在制图架上。使用时，应注意保持工作边的平直和板面的整洁，切勿损坏板面。

二、丁字尺

丁字尺主要用于画水平线和作为三角板的导边。丁字尺由尺头和尺身两部分组成，材料为有机玻璃，如图 1-1 所示。丁字尺有各种规格，一般与图板配套使用。常见的丁字尺有固定式和活动式两种。使用时应将尺头紧靠图板左侧导边，左手握尺头，右手推动尺身，上下滑动。画水平线时，将尺身上边缘对准所要画线的位置，笔尖紧靠尺身，笔杆略向右倾斜，从左往右匀速画线，如图 1-2 所示。

三、三角板

三角板两块为一副，其中一块的三个角分别为 30°、60°、90°；另一块的三个角分别为 45°、45°、90°，用塑料或有机玻璃制成。其用途有以下三个方面：

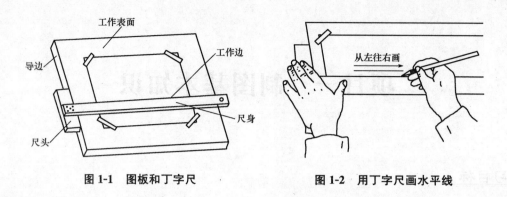

图 1-1　图板和丁字尺　　　　　　　　图 1-2　用丁字尺画水平线

（1）与丁字尺配合画铅垂线。所有铅垂线，无论长短，都可用三角板和丁字尺配合画出，如图 1-3 所示。

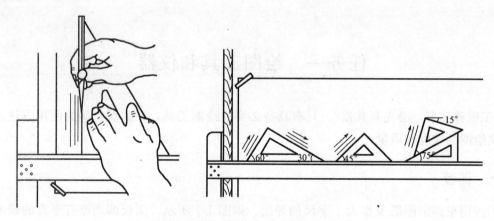

图 1-3　用三角板画铅垂线和斜线

（2）与丁字尺配合画 15°倍角的斜线。一副三角板与丁字尺配合使用，可画出与水平线分别成 15°、30°、45°、60°、75°等角度的斜线，如图 1-4 所示。

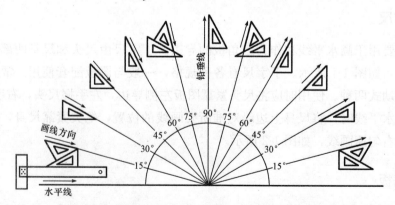

图 1-4　三角板与丁字尺配合画 15°倍角的斜线

（3）两块三角板配合画任意直线的平行线或垂直线。画线时其中一块三角板起定位作用，另一块三角板沿其定位边移动并画直线，如图 1-5 所示。

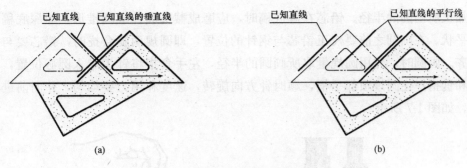

图 1-5　两块三角板配合使用

(a)画任意直线的垂直线；(b)画任意直线的平行线

四、铅笔

铅笔用来绘制工程图样中不同形式的线条和注写文字。绘图铅笔的铅芯有软硬之分，用 B 和 H 表示。B、2B、…、4B 等，前面的数字越大表示铅芯越软且颜色越浓黑；H、2H、…、4H 等，前面的数字越大表示铅芯越硬且颜色越浅淡；HB 介于软硬之间。绘图时常用 2H 的铅笔画底稿，用 HB 或 B 的铅笔加深底稿，用 H 的铅笔写字。

削铅笔时应保留标号，以便识别铅芯的软硬度。被削去的笔杆长度为 25～30 mm，露出的铅芯长度为 6～8 mm，一般削成圆锥形，加深粗实线的铅笔芯应削磨成扁平状，如图 1-6(a)所示。

使用铅笔画线时，笔杆轴线与画线方向所构成的平面与纸面垂直，并向画线方向倾斜约为 30°，匀速前进，如图 1-6(b)所示。

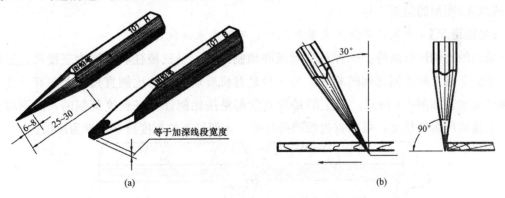

图 1-6　铅笔削法及用法

(a)铅笔削法；(b)铅笔用法

五、圆规和分规

圆规是用于画圆及圆弧的。圆规一条腿下端装有带锥形台肩的钢针，用于定圆心，这种台肩式钢针画圆时扎孔深度约为 0.5 mm，圆规另一条腿端部可拆卸换装铅芯插脚、鸭嘴笔插脚、针管笔或钢针插脚，分别用来绘制铅笔图、墨线图和作为分规来等分线段，延伸杆用于加长所画圆的半径。铅芯在画底稿时，应磨成截头圆柱或圆锥形，加深底稿时应削磨成扁平状。在画圆之前要校正铅芯与钢针的位置，即圆规两腿合拢时，铅芯要与钢针的台肩平齐。画圆时，先用圆规量取所画圆的半径，左手食指将针尖导入圆心位置，再用右手拇指和食指捏住圆规顶部手柄，顺时针方向旋转，速度和用力要均匀，并向前进方向自然倾斜，如图1-7所示。

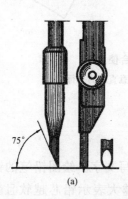

图1-7 圆规的使用方法

(a)调整圆规；(b)画圆弧

六、比例尺

用图样表达物体，大部分不能按物体的实际尺寸画出，需选用适当的比例将图形缩小（或放大）。比例是指图样中图形与其实物相对应的线性尺寸之比；比例尺就是直接用来缩小（或放大）图形的绘图工具。

【特别提示】 比例尺只能用来量取尺寸，不可用来画线。

常用的比例尺有两种：一种是木制或硬塑制成的，呈三棱柱状，称为三棱尺。三棱尺的三个面上有六种不同比例的刻度。另一种是有机玻璃制成的比例直尺，上面有三种不同比例的刻度。如图1-8所示，尺上的每种刻度都是按比例计算好长度刻制的，画图时直接从尺上量取所需的长度，可以省去烦琐的计算。比例尺上的刻度数字以米为单位。

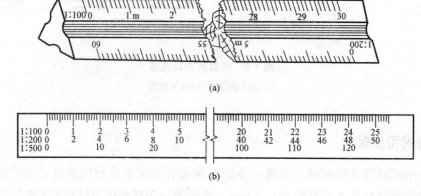

图1-8 比例尺

(a)三棱尺；(b)比例直尺

使用比例尺的方法有两种：一种方法是用分规从比例尺上量取尺寸后再移到图纸上，这种方法适用于截取大量重复尺寸；另一种方法是将比例尺放在图纸上直接量取图线的长度。

读比例尺上刻度的方法：当用1∶100的比例画图时，尺上的1 m实际长度是1 cm，也就是说已将实际的1 m长度缩短为百分之一。如果实物的尺寸为4 200 mm(4.2 m)，应在比例尺1∶100的尺面上直接量取4.2 m；若采用1∶200的比例，应在1∶200的尺面上直接量取4.2 m。

在比例尺1∶100的刻度上，也可读出1∶1、1∶10、1∶1 000等比例的尺寸。同理，在比例尺1∶200的刻度上，也可读出1∶2、1∶20、1∶2 000等比例的尺寸。

七、曲线板

曲线板用于画非圆曲线，多用塑料或有机玻璃制成。用曲线板画曲线时，首先用几何作图方法定出曲线上一系列点，并徒手轻轻地用铅笔将各点用细实线连成曲线，如图1-9(a)所示，然后在曲线板上选择与曲线吻合的部分，尽量多吻合一些点(不少于三个点)，从起点到终点按顺序分段描绘。描绘时，应将吻合段的末尾留下一段暂不描绘，待下一段描绘时重合，以使曲线连接光滑，如图1-9(b)、(c)、(d)所示。

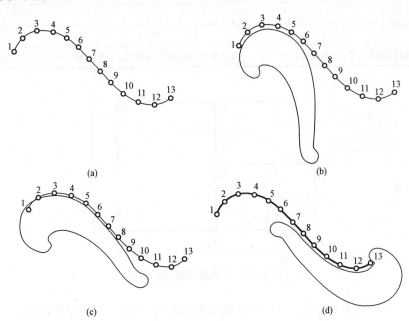

图1-9 曲线板的用法

(a)徒手连细线；(b)描1、2、3、4点；(c)描4、5、6、7点；(d)完成连续

任务二　基本制图标准

图样是工程界通用的技术语言，为了便于进行技术交流，图样的画法、尺寸标注及采用的符号(代号)等，必须有统一的规范，使绘图和读图有一个共同的准则，这个统一的规

范就是制图标准。

我国于 2010 年颁布了国家标准《房屋建筑制图统一标准》(GB 50001—2010)。国家标准简称"国标"，用代号"GB"表示，本标准自 2011 年 3 月开始执行。

一、图纸的幅面、图框及标题栏

(一)图幅

图纸幅面简称为图幅，即图纸宽度与长度。图幅用图纸的短边×长边＝$b×l$ 表示。为了便于图纸的保管和合理利用，制图标准对图纸的基本幅面规定了 5 种不同的尺寸，见表 1-1。由表 1-1 可以看出，图纸幅面以 A0、A1、A2、A3、A4 为代号，各种基本图幅之间的关系如图 1-10 所示。

表 1-1　幅面及图框尺寸　　　　　　　　　　　　mm

幅面代号 尺寸代号	A0	A1	A2	A3	A4
$b×l$	841×1 189	594×841	420×594	297×420	210×297
c	10			5	
a	25				

注：b 为幅面短边尺寸，l 为幅面长边尺寸，c 为图框线与幅面线间宽度，a 为图框线与装订边间宽度。

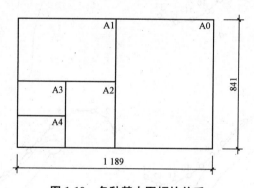

图 1-10　各种基本图幅的关系

图纸的短边尺寸不应加长，A0～A3 幅面长边尺寸可加长，但应符合表 1-2 的规定。

表 1-2　图纸长边加长尺寸　　　　　　　　　　　　mm

幅面代号	长边尺寸	长边加长后的尺寸
A0	1 189	1 486(A0+1/4l)　1 635(A0+3/8l)　1 783(A0+1/2l)　1 932(A0+5/8l) 2 080(A0+3/4l)　2 230(A0+7/8l)　2 378(A0+l)
A1	841	1 051(A1+1/4l)　1 261(A1+1/2l)　1 471(A1+3/4l)　1 682(A1+l) 1 892(A1+5/4l)　2 102(A1+3/2l)
A2	594	743(A2+1/4l)　891(A2+1/2l)　1 041(A2+3/4l)　1 189(A2+l)　1 338(A2+5/4l) 1 486(A2+3/2l)　1 635(A2+7/4l)　1 783(A2+2l)　1 932(A2+9/4l)　2 080(A2+5/2l)

幅面代号	长边尺寸	长边加长后的尺寸
A3	420	630(A3+1/2l)　841(A3+l)　1 051(A3+3/2l)　1 261(A3+2l)　1 471(A3+5/2l) 1 682(A3+3l)　1 892(A3+7/2l)
注：有特殊需要的图纸，可采用 $b \times l$ 为 841 mm×891 mm 与 1 189 mm×1 261 mm 的幅面。		

(二)图框

图框是图纸上限定绘图区域的线框，图形只能绘在图框以内。图框线用粗实线绘制，粗实线(代号 b)宽度见图线的规定。图框的格式有以下两种：

(1)横式图纸。横式使用的图纸，应按图 1-11 的形式布置。

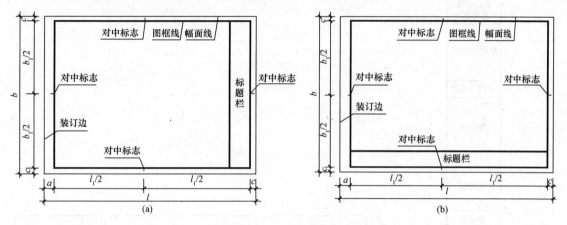

图 1-11　横式图纸

(2)立式图纸。立式使用的图纸，应按图 1-12 的形式布置。

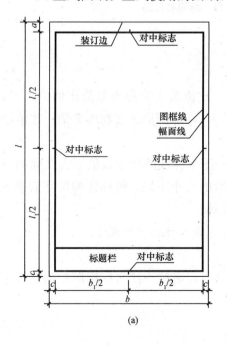

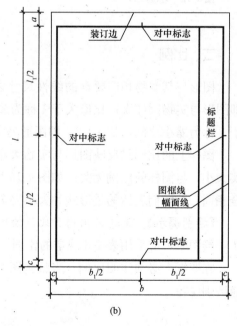

图 1-12　立式图纸

【特别提示】　有时为使图样复制和缩微摄影时定位方便，可在图纸各边中点处画约 5 mm 长的对中粗实线。

(三)标题栏

标题栏是图样的重要内容之一，每张图纸都必须画出标题栏。可根据工程的需要选择确定标题栏的尺寸、格式及分区。图 1-13、图 1-14 所示为标题栏格式。

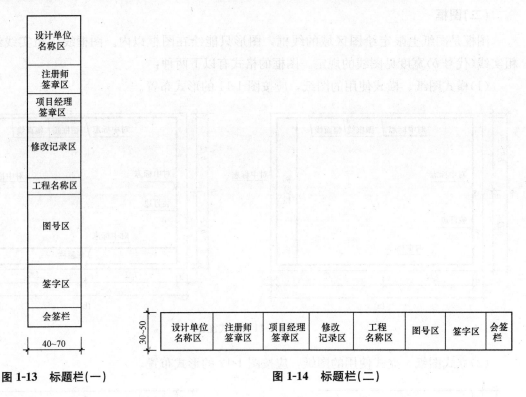

图 1-13　标题栏(一)　　　　　　　　　　　图 1-14　标题栏(二)

二、比例

图形与其实物相应要素的线性尺寸之比称为比例。比值为 1 时称为原值比例(1∶1)，即图形与实物同样大；比值大于 1 称为放大比例，如 2∶1，即图形是实物的 2 倍；比值小于 1 称为缩小比例，如 1∶2，即图形是实物的 1/2。

图样上的比例只反映图形与实物大小的缩放关系，图中标注的尺寸数值应为实物的真实大小，与图样的比例无关。如图 1-15 所示，三个图形的大小不同，但标注的尺寸数字完全相同，即它们表达的是形状和大小完全相同的一个物体。

【特别提示】　无论采用何种比例绘图，标注的尺寸总是物体的实际尺寸。

绘图时，应采用表 1-3 规定的比例。

在图纸上必须注明比例，当整张图纸只用一种比例时，应统一注写在标题栏内，否则应区别注写。

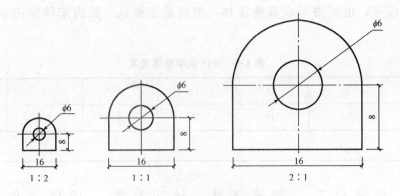

图 1-15　尺寸数值与绘图比例无关

表 1-3　绘图比例

常用比例	1:1、1:2、1:5、1:10、1:20、1:30、1:50、1:100、1:150、1:200、1:500、1:1 000、1:2 000
可用比例	1:3、1:4、1:6、1:15、1:25、1:40、1:60、1:80、1:250、1:300、1:400、1:600、1:5 000、1:10 000、1:20 000、1:50 000、1:100 000、1:200 000

三、字体

字体是图样中的重要内容。图样上除绘制物体的图形外，还要用汉字填写标题栏、书写说明事项；用数字标注尺寸；用字母注写各种代号或符号。制图标准对图样中的汉字、数字、字母的字形和大小作了规定，并要求书写时必须做到：字体端正、笔画清晰、排列整齐。

字体的高度即字体的号数(简称字号)，用 h 表示。文字的字高应从表1-4中选用。高度大于 10 mm 的文字宜采用 True type 字体，当需书写更大的字时，其高度应按$\sqrt{2}$的倍数递增。

表 1-4　文字的字高　　　　　　　　　　　　　　　　　　mm

字体种类	中文矢量字体	Truetype 字体及非中文矢量字体
字高	3.5、5、7、10、14、20	3、4、6、8、10、14、20

【特别提示】　工程图样中的"5号"字不同于书刊中的"五号"字。工程图样中的"5号"字高度为 5 mm，书刊中的"五号"字高度为 3.7 mm。弄清楚字号之间的关系有助于CAD绘图中的文本标注。

(一)汉字

图样及说明中的文字，宜采用长仿宋体或黑体，同一图纸字体种类不应超过两种。长仿宋体的高宽关系应符合表1-5的规定，黑体字的宽度与高度应相同。大标题、图册封面、地形图等的汉字，也可书写成其他字体，但应易于辨认。长仿宋体字的示例如图 1-16 所示。

表 1-5　长仿宋字高宽关系　　mm

字高	20	14	10	7	5	3.5
字宽	14	10	7	5	3.5	2.5

10号

字体端正　笔画清楚　排列整齐　间隔均匀

7号

长仿宋最高低正常死水位板墩中边支柱平立剖总布置图厂房
坝闸施枢纽河流电墙护坡垫底层沉陷温度伸缩缝回填挖土

5号

技术要求对称不同轴垂线相交行径跳动弯曲形位移允许 偏差内外左右检验数值范围应符合于等级精热处理

3.5号

弹簧花键联接可变换集散整流电压阻容器波导管钮子绝缘环真空泵阀门铸铁钢铜锌铬镍银锡硅塑料螺栓母钉双头密封垫片顶盖底座

图 1-16　长仿宋体字示例

长仿宋体字的特点是：笔画粗细一致，挺拔秀丽，易于硬笔书写，便于阅读。根据制图标准规定，长仿宋体字的基本笔画概括为八种，基本书写方法见表 1-6。

表 1-6　长仿宋体基本笔画书写方法

笔画名称	结构	运笔方法	字例	说明
横		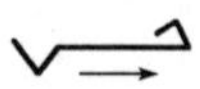	二下上丹	横宜平，可稍向上倾斜
竖		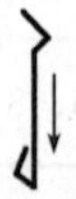	卜中川平	竖要直，不可倾斜
撇	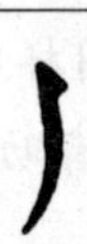	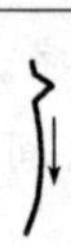	月少方任千戈	起笔重而有锋，收笔渐细而尖
捺	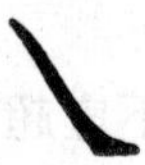	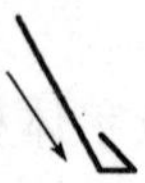	公木造走长入	起笔细挺劲而渐粗，收笔转平轻轻回提，锋如刀刃

笔画名称	结构	运笔方法	字例	说明
点	（斜点图）	（运笔图）	太寸宗江心点	点多为斜点，起笔细而渐粗，收笔回折成三角形，其他不同位置的点可略加变化
挑	（挑图）	（运笔图）	物挑地刁	起笔重而有锋，挺劲斜上，收笔渐尖
钩	（钩图）	（运笔图）	打消冗必民飞电元	钩乃附于其他笔画中，作为收尾，常转折上挑，形如鹤嘴
折	（折图）	（运笔图）	国日马睛回眼	折是横与竖连笔形成，故转折处应兼有横的收笔和竖的起笔之特点

长仿宋体字的书写要领是：横平竖直、起落有锋、结构匀称、填满方格。

(1)横平竖直。横笔基本水平，为书写方便允许稍微向右上方倾斜一点。竖笔必须铅直，要刚劲有力。

(2)起落有锋。每一笔画的起笔收笔均呈三角形状或呈尖端。

(3)结构匀称。笔画布局要均匀、紧凑。根据每个字体的结构特点，恰当安排各组成部分所占的比例。

下面分别阐述长仿宋字的几种基本结构形式：

单不分：指不能拆分的独体字，如水、木、尺、寸、大等。书写时笔画的长短与平直要安排匀称，重心要平稳。

竖重叠：指上、下可分为两部分或三部分的字，如鱼、架、量、审、盖等。书写时上下中心要对正，要上紧下松，注意下托上盖。

横排列：指左右可分为两部分或三部分的字，如利、洞、坝、和、侧等。书写时左右中心应看齐，占格比例要适宜，偏旁位置需互让，笔画少的要上提。

多面围：指从几面去围住中间另一部分的字，如习、区、图、圆、回等。书写时靠边直笔向里缩，被围部分居内中。

(4)填满方格。为了使字体大小一致，初学者一定要按字号画好字格，然后书写。除多面围的字体外，一般的字体在书写时都要使主要笔画触及字格的四边，即填满方格。但是，切不可每一笔都顶满格。

长仿宋体字初练时宜用 10 号字，应特别注意起笔、运笔、收笔、转折，必须做到运笔流畅、笔锋突出。练字不能急于求成，要分三步进行：第一步先练基本笔画，第二步练偏旁部首，第三步练整字。只有多看多写，持之以恒，才能水到渠成。

(二)数字和字母

数字和字母可以写成竖笔铅直的直体，也可以写成竖笔与水平线呈 75°的斜体字。工程图样中常用斜体字，如图 1-17 所示。

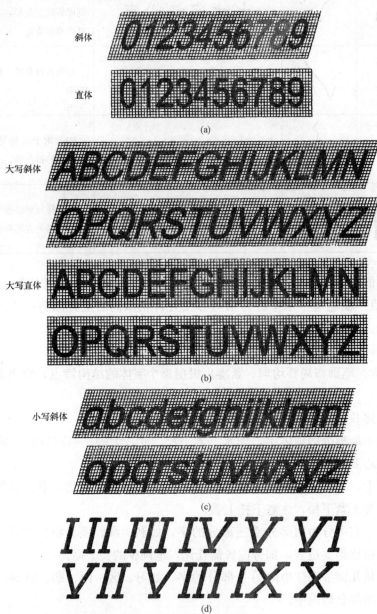

图 1-17　数字和字母示例

(a)阿拉伯数字；(b)大写拉丁字母；(c)小写拉丁字母；(d)罗马数字

四、图线

(一)图线的名称及用途

为了使图样所表达的内容主次分明，制图标准规定采用各种不同形式和不同粗细的线，分别表示不同的意义和用途，绘图时必须遵守这些规定。各种图线的应用举例如图1-18所示。

粗实线的宽度用b表示，应根据图形的大小和复杂程度，在$0.5 \sim 1.4\ mm$系列中选用。常用的b值为$0.7\ mm$，其他各种线型的粗细，均以粗实线的宽度b值按比率进行计算。工程建设制图常用的几种线型的名称和用途见表1-7。

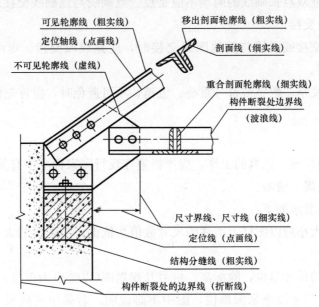

图1-18 各种图线在工程图中的应用

表1-7 图线

名称		线型	线宽	用途
实线	粗		b	主要可见轮廓线
	中粗		$0.7b$	可见轮廓线
	中		$0.5b$	可见轮廓线、尺寸线、变更云线
	细		$0.25b$	图例填充线、家具线
虚线	粗		b	见各有关专业制图标准
	中粗		$0.7b$	不可见轮廓线
	中		$0.5b$	不可见轮廓线、图例线
	细		$0.25b$	图例填充线、家具线
单点长画线	粗		b	见各有关专业制图标准
	中		$0.5b$	见各有关专业制图标准
	细		$0.25b$	中心线、对称线、轴线等
双点长画线	粗		b	见各有关专业制图标准
	中		$0.5b$	见各有关专业制图标准
	细		$0.25b$	假想轮廓线、成型前原始轮廓线
折断线			$0.25b$	断开界线
波浪线			$0.25b$	断开界线

(二)图线的规定画法

(1)同一张图纸内,同一种线型的线宽应相等。

(2)虚线、单点长画线或双点长画线的线段长度和间隔,宜各自相等。

(3)单点长画线或双点长画线,当在较小图形中绘制有困难时,可用实线代替。

(4)单点长画线或双点长画线的两端不应是点。点画线与点画线交接或点画线与其他图线交接时,应是线段交接。

(5)虚线与虚线交接或虚线与其他图线交接时,应是线段交接。虚线为实线的延长线时,不得与实线相接。

(6)图线不得与文字、数字或符号重叠、混淆,不可避免时,应首先保证文字的清晰。

五、尺寸标注

标注尺寸是一项严肃、认真的工作,应严格遵守现行国家标准中有关尺寸注法的规定,以保证尺寸标注的正确、清晰。

标注尺寸的基本要求如下:

(1)构件的真实大小应以图样上所注的尺寸数值为依据,与图形的大小及绘图的精确度无关。

(2)图样中标注的尺寸单位,除标高、桩号及规划图(以公里为单位)、总布置图的尺寸以米为单位外,其余尺寸以毫米为单位,图中不必说明。若采用其他尺寸单位时,则必须在图纸中加以说明。

(一)尺寸的组成

在图样上标注一个完整的尺寸,一般包括尺寸界线、尺寸线、尺寸起止符号和尺寸数字四个部分,如图1-19所示。

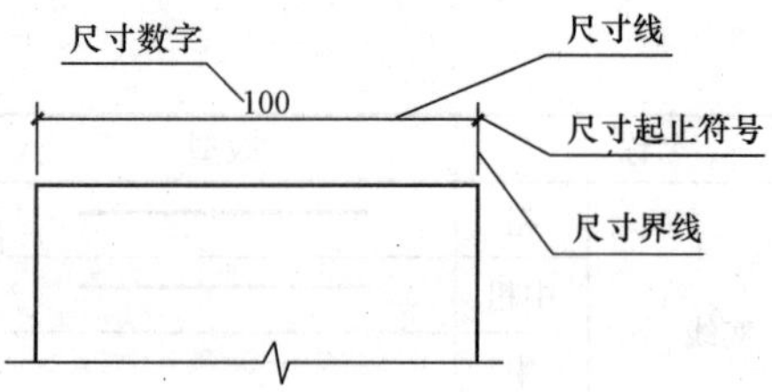

1.尺寸界线

用来限定所注尺寸的范围,用细实线绘制。

图1-19 尺寸的组成

一般自图形的轮廓线、轴线或中心线处引出,轮廓线、轴线或中心线也可作为尺寸界线。绘制尺寸界线时,引出线与轮廓线之间一般留有 2~3 mm 的间隙。

2.尺寸线

用来表示尺寸的方向。用细实线绘制,其两端箭头应指到尺寸界线。尺寸线需单独绘制,图样中的轮廓线、轴线或中心线等其他图线及其延长线均不能作为尺寸线。

3.尺寸起止符号

尺寸起止符号有两种形式。箭头画法如图1-20(a)所示;45°中粗斜短线如图1-20(b)所示,其方向为尺寸界线顺时针转45°,长度为 2~3 mm。当尺寸起止符号采用45°中粗斜短线时,尺寸线与尺寸界线必须垂直。

【特别提示】标注圆弧半径、直径、角度、弧长时,尺寸起止符号采用箭头形式。

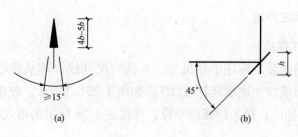

图 1-20　尺寸起止符号

4. 尺寸数字

水平方向尺寸数字注写在尺寸线上方，字头朝上；铅直方向尺寸数字注写在尺寸线左侧，字头朝左；倾斜方向尺寸数字注写在尺寸线的左上方或右上方，如图 1-21 所示。尽可能避免在如图 1-21 所示的 30°范围内标注尺寸，当无法避免时，可按图 1-22 所示的形式标注。

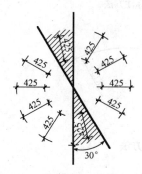

图 1-21　尺寸数字的注写方位

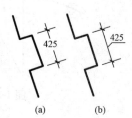

图 1-22　在 30°范围内尺寸数字的注法

尺寸数字不可被任何图线或符号所通过，当无法避免时，必须将其他图线或符号断开，如图 1-23 所示。

(二)尺寸的排列与布置

(1)尺寸宜标注在轮廓线以外，不宜与图线、文字及符号等相交。

(2)相邻的线性尺寸，应排列在同一尺寸线上。

(3)互相平行的尺寸线，应由近向远整齐排列，小尺寸在里，大尺寸在外，尺寸线间距宜为 7～10 mm，一般不超过四层，如图 1-24 所示。

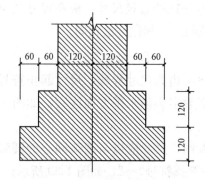

图 1-23　断开图线注写尺寸数字

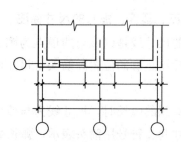

图 1-24　尺寸的排列与布置

(三)常见的尺寸标注方法

1. 圆和圆弧的尺寸标注

小于或等于半圆的圆弧，标注半径尺寸。半径的尺寸线一端从圆心开始，另一端画箭头指向圆弧。半径数字前应加注半径符号"R"，如图 1-25(a)所示。较小圆弧的半径，可按图 1-25(b)所示的形式标注；较大圆弧的半径，可按图 1-26 所示的形式标注。

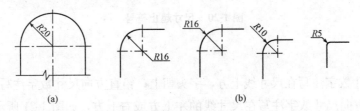

图 1-25 半径的标注方法

(a)半径标注方法；(b)小圆弧半径标注方法

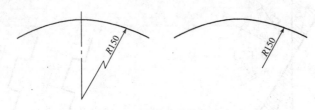

图 1-26 大圆弧半径的标注方法

圆标注直径尺寸，尺寸线通过圆心，两端画箭头指向圆弧。直径数字前应加直径符号"ϕ"，如图 1-27 所示。直径较小的圆，可按图 1-28 形式标注。

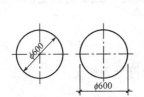

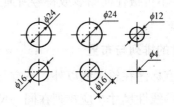

图 1-27 直径的标注方法　　**图 1-28 小直径的标注方法**

标注球的半径尺寸，应在尺寸前加注符号"SR"；标注球的直径尺寸，应在尺寸数字前加注符号"Sϕ"。球的尺寸标注方法与圆弧半径和圆直径的尺寸标注方法相同。

2. 角度、弧度、弧长的尺寸标注

角度的尺寸线是以该角的顶点为圆心的圆弧，角的两边为尺寸界线，尺寸起止符号为箭头。如没有足够的位置画箭头，可用圆点代替，角度数字必须水平方向注写，如图 1-29 所示。

标注圆弧的弧长时，尺寸线为与该圆弧同心的圆弧线，尺寸应以与圆弧同心的圆弧线表示，尺寸起止符号用箭头表示，弧长数字上方应加注圆弧符号"⌒"，如图 1-30 所示。

标注圆弧的弦长时，尺寸线为平行于该弦的直线，尺寸界线应垂直于该弦，尺寸起止符号用中粗斜短线表示，如图 1-31 所示。

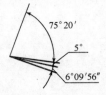

图 1-29　角度标注方法　　　图 1-30　弧长标注方法　　　图 1-31　弦长标注方法

3. 薄板厚度、正方形、坡度的尺寸标注

在薄板板面上标注板厚尺寸时，应在厚度尺寸数字前加注厚度符号"t"，如图 1-32 所示。

标注正方形尺寸，可用"边长×边长"的形式，也可在边长数字前加注正方形符号"□"，如图 1-33 所示。

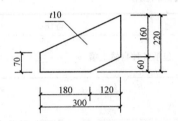 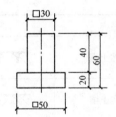

图 1-32　薄板厚度标注方法　　　　图 1-33　标注正方形尺寸

标注坡度时，应加注坡度符号"←"，该符号为单面箭头，箭头应指向下坡方向。坡度也可用直角三角形的形式标注，如图 1-34 所示。

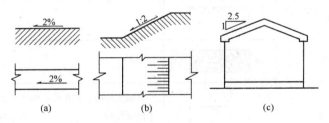

图 1-34　坡度标注方法

4. 尺寸的简化标注

杆件或管线的长度，在单线图（桁架简图、钢筋简图、管线简图）上，可直接将尺寸数字沿杆件或管线的一侧注写，如图 1-35 所示。

六、建筑材料图例

当建筑物或建筑配件被剖切时，通常在图样的断面轮廓线内画出建筑材料图例，表 1-8 列出了《房屋建筑制图统一标准》（GB/T 50001—2010）中所规定的部分常用建筑材料图例，其余可查阅该标准。在《房屋建筑制图统一标准》（GB/T 50001—2010）中只规定了常用建筑

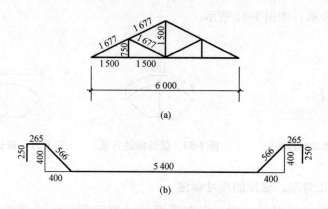

图 1-35　单线图尺寸标注方法

材料图例的画法,对其尺寸比例不作具体规定,绘图时可根据图样大小而定。

表 1-8　常用建筑材料图例

序号	名称	图例	备注
1	自然土壤		包括各种自然土壤
2	夯实土壤		
3	砂、灰土		靠近轮廓线绘较密的点
4	砂砾石、碎砖三合土		
5	石材		
6	毛石		
7	普通砖		包括实心砖、多孔砖、砌块等砌体。断面较窄不易绘出图例线时,可涂红,并在图纸备注中加注说明,画出该材料图例
8	耐火砖		包括耐酸砖等砌体
9	空心砖		指非承重砖砌体
10	饰面砖		包括铺地砖、陶瓷马赛克、人造大理石等
11	焦渣、矿渣		包括与水泥、石灰等混合而成的材料

序号	名称	图例	备注
12	混凝土		1. 本图例指能承重的混凝土及钢筋混凝土
13	钢筋混凝土		2. 包括各种强度等级、集料、添加剂的混凝土 3. 在剖面图上画出钢筋时，不画图例线 4. 断面图形小，不易画出图例线时，可涂黑
14	多孔材料		包括水泥珍珠岩、沥青珍珠岩、泡沫混凝土、非承重加气混凝土、软木、蛭石制品等
15	纤维材料		包括矿棉、岩棉、玻璃棉、麻丝、木丝板、纤维板等
16	泡沫塑料材料		包括聚苯乙烯、聚乙烯、聚氨酯等多孔聚合物类材料
17	木材		1. 上图为横断面，上左图为垫木、木砖或木龙骨 2. 下图为纵断面
18	胶合板		应注明为×层胶合板

任务三 几何作图

在工程图样中，尽管各种物体的结构和形状的复杂程度不同，但其图形轮廓都是由直线、圆弧和其他一些曲线组成的几何图形。因此，应掌握这些图形的作图方法和技巧，以提高绘图的速度和质量。

一、等分线段

等分线段的方法见表 1-9。

表 1-9 等分线段及圆周的方法

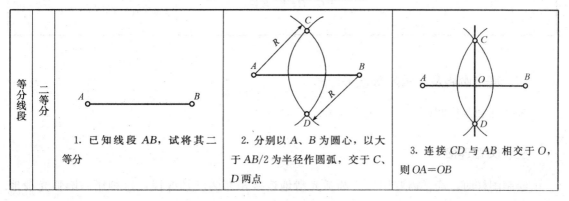

等分线段	二等分	1. 已知线段 AB，试将其二等分	2. 分别以 A、B 为圆心，以大于 AB/2 为半径作圆弧，交于 C、D 两点	3. 连接 CD 与 AB 相交于 O，则 OA＝OB

等分线段	任意等分	1. 作已知线段任意等分，以五等分为例	2. 过 A 点作任意直线 AC，自 A 点起在 AC 直线上截取五等分，得1、2、3、4、5	3. 连接 B、5 两点，过其余各点分别作平行于 B5 的直线，交 AB 线段得四个等分点
等分圆周作正多边形	三等分及六等分	1. 以 AB 为直径作圆	2. 以 A 为圆心，以 AB/2 为半径，作圆弧与圆周相交于 C、D 两点，C、D、B 即为圆周的 3 个等分点，连接各点即为正三边形	3. 再以 B 点为圆心，以 AB/2 为半径，作圆弧与圆周相交 E、F 两点，连接 B、F、D、A、C、E 各点，即得所求正六边形
	任意等分（以五等分为例）	1. 以 AB 为直径作圆，等分直径为五分，得1、2、3、4各点	2. 以 B（或 A）为圆心，AB 为半径作圆弧与 CD 的延长线相交于 E、F 两点，由 E、F 两点分别与直径 AB 上的偶数（或奇数）等分点2、4连接，并延长与圆周相交于 G、H、L、K 四点	3. 连接 AK、KL、LH、HG、GA，即得正五边形

二、等分圆周及作圆内接正多边形

等分圆周及作圆内接正多边形的方法见表1-9。

三、圆弧连接

绘制图样时，经常需要用一段圆弧光滑地连接相邻两已知线段。这种用一圆弧光滑地连接两线段的作图问题称为圆弧连接。圆弧连接的关键在于找准切点，圆弧连接的基本形式有三种，其作图方法见表 1-10。

表 1-10　圆弧连接的基本形式

连接形式		已知条件和作图要求	作图方法	
			求连接圆弧圆心和切点	画连接圆弧
用圆弧连接两已知直线		已知：直线 AB、CD 和连接圆弧半径 R 求作：作出连接圆弧与两已知圆弧外切连接	以 R 为间距求作 AB、CD 的平行线，两平行线之交点 O 即为所求连接圆弧圆心。自点 O 向 AB、CD 作垂线，求得垂足 E、F 即为切点	以 O 为圆心，以 R 为半径，作圆弧连接 E、F 两点
用圆弧连接两已知圆弧	外切连接	已知：两圆弧的圆心 O_1、O_2，半径 R_1、R_2，连接圆弧半径 R 求作：作连接圆弧与两已知圆弧外切连接	以 O_1、O_2 为圆心，以 R_1+R、R_2+R 为半径，各作一圆弧，两圆弧交点 O 即为所求连接弧圆心。作连心线 OO_1 和 OO_2，分别交两已知圆弧于 A、B 点，A、B 即为切点	以 O 为圆心，R 为半径，作圆弧连接 A、B 两点
	内切连接	已知：两圆弧圆心 O_1、O_2，半径 R_1、R_2，连接圆弧半径 R 求作：作连接圆弧与两已知圆弧内切连接	以 O_1、O_2 为圆心，以 $R-R_1$、$R-R_2$ 为半径各作一圆弧，两圆弧交点 O 即为所求连接圆弧圆心。作连心线 OO_1 和 OO_2，分别交两已知弧于 A、B 点，A、B 点即为切点	以 O 为圆心，R 为半径，作圆弧连接 A、B 两点

连接形式	已知条件和作图要求	作图方法	
		求连接圆弧圆心和切点	画连接圆弧
用圆弧连接一直线和一圆弧	已知：直线 L，圆弧圆心 O_1，半径 R_1，连接弧半径 R 求作：作连接圆弧连接直线 L 并与已知圆弧外切连接	以 R 为间距作直线 L 的平行线与以 O_1 为圆心，R_1+R 为半径所画的圆弧交于点 O，即为所求连接弧的圆心。由点 O 作直线 L 的垂线，得垂足 A。作连心线 OO_1，与圆弧 O_1 交于点 B，则 A、B 点即为切点	以 O 为圆心，R 为半径，作圆弧连接 A、B 两点

【特别提示】 圆弧连接的实质，就是使连接圆弧与相邻的已知线段相切，以达到光滑连接的目的。因此，圆弧连接的作图步骤可归结为以下几项：

(1)求连接圆弧的圆心；

(2)找出连接点即切点的位置；

(3)在两切点之间画出连接弧。

四、椭圆的画法

椭圆是非圆闭合曲线，常用的绘制方法是四圆心法。所谓四圆心法就是用四段圆弧光滑连接成近似椭圆的方法。

如图 1-36 所示，已知椭圆的长、短轴 AB 和 CD，用四圆心法作椭圆。

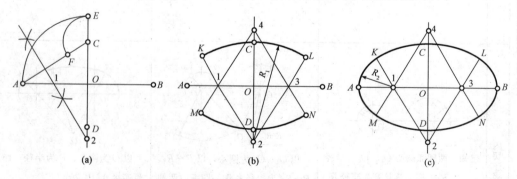

图 1-36 四周心法画近似椭圆

(1)连接 AC，以 O 为圆心，OA 为半径作圆弧，交 CD 的延长线于 E 点。再以 C 为圆心，CE 为半径画圆弧交 AC 于点 F；作 AF 的垂直平分线，交长轴于 1 点，交短轴或短轴的延长线于 2 点,如图 1-36(a)所示。

(2)作 1 点和 2 点的对称点 3 点和 4 点,即得四段圆弧的圆心;将四个圆心点两两相连,并适当延长,得四段圆弧的分界线,如图 1-36(b)所示。

(3)分别以 2 点和 4 点为圆心,$R_1 = 2C$ 为半径画圆,并与各延长线分别交于 K、L、M、N 四点,这四点就是各段圆弧的连接点(切点),如图 1-36(b)所示。

(4)分别以 1 点和 3 点为圆心,$R_2 = 1A$ 为半径,作两个小圆弧分别交于 K、L、M、N 四点,即得近似椭圆,如图 1-36(c)所示。

任务四 平面图形的画法

平面图形是由许多线段连接而成的,画图前可对图形进行尺寸分析和线段分析,以便明确平面图形的画图步骤,准确快速地画出图形,并标注完整的尺寸。

一、平面图形尺寸分析

平面图形中的尺寸,按其作用可分为以下两类:

(1)定形尺寸。用于确定线段的长度、圆弧的直径(或半径)和角度大小等的尺寸,称为定形尺寸。如图 1-37 中的 50、20、$R10$、60°等。

(2)定位尺寸。用于确定线段在平面图形中所处位置的尺寸,称为定位尺寸。如图 1-37 中的 30、21 等。

定位尺寸通常以图形的对称线、中心线或某一轮廓线作为标注尺寸的起点,这些起点被称为尺寸基准。如图 1-37 中两圆的水平方向定位尺寸

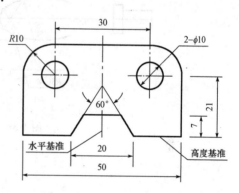

图 1-37 平面图形的尺寸分析

30 是以对称线作为基准的,高度方向的定位尺寸 21 则是以底部轮廓线作为基准。

二、平面图形线段分析

平面图形中的线段(直线或圆弧),根据其定位尺寸的完整与否,可分为以下三类(因为直线连接的作图比较简单,所以这里只讲圆弧连接的作图问题):

(1)已知线段:定形尺寸和定位尺寸齐全的线段。如图 1-38(a)中 $R8$ 的圆弧,其圆心位置已经确定,能直接画出为已知线段,如图 1-38(b)所示。

(2)中间线段:有定形尺寸,但缺少一个定位尺寸,且该定位尺寸是由连接条件来确定的线段。如图 1-38(a)中的 $R50$ 圆弧,它只有一个垂直方向的定位尺寸 50,另一定位尺寸要借助与 $R8$ 已知圆弧的连接来确定,为中间线段,如图 1-38(c)所示。

(3)连接线段:缺少定位尺寸,需要与两端相邻线段的连接条件才能确定位置的线段。如图 1-38(a)中的 $R30$ 圆弧,是由过线段(长 8)的右端和与 $R50$ 圆弧相连接的两个条件来确

定它的圆心位置，如图 1-38(d)所示。

三、平面图形的画法

图 1-38 所示为手柄的绘图步骤，由此可以确定平面图形的作图步骤，具体如下：

(1)画基准线。

(2)画已知线段。

(3)画中间线段。

(4)最后画连接线段。

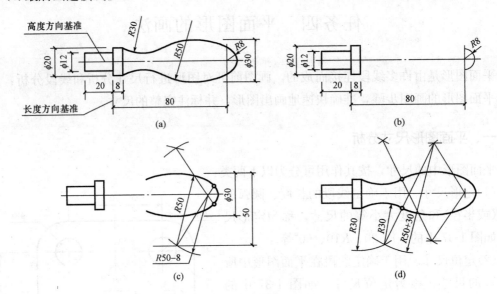

图 1-38　平面图形的线段分析

任务五　绘图的步骤与方法

一、绘图前的准备工作

(1)阅读有关资料，了解所画图样的内容和要求，做到心中有数。

(2)擦净制图工具和仪器，将其摆放在绘图桌的搁物板上，便于取用。削好各种硬度的铅笔和圆规用铅芯。

(3)按要求选择图纸幅面，然后用胶带纸将图纸固定在图板的适当位置。图纸要摆正放平，并使图纸下边缘距离图板下边缘宽于一个丁字尺的尺身。

二、画底稿

(1)先用 2H 铅笔按标准规定，轻而细地画出图框及标题栏。

(2)确定比例，布置图形，画出各图形的基准线，使各图形在图框内布置均匀。

(3)按先画已知线段，再画中间线段，最后画连接线段的步骤，依次画出各平面图形。

(4)画尺寸界线和尺寸线。

三、铅笔加深

(1)检查。仔细检查图形底稿及尺寸有无错误、遗漏，擦去多余的作图线，将底稿清理干净。

(2)加深。加深粗实线用 HB 铅笔，用 H 铅笔加深细实线和写字。加深圆或圆弧时所用铅芯应比加深粗实线的铅笔软一号，用 B 铅芯。同类图线要一起加深，使图线粗细、浓淡保持一致，并提高绘图速度。加深图线的顺序是：先粗线后细线；先曲线后直线；先小圆（或圆弧）再大圆（或圆弧）。

(3)标注。画尺寸起止符号和注写数字(一次完成)；填写说明文字和标题栏；加深图框和标题栏框；完成全图。

一幅高质量的图样，应投影正确，图形布置匀称，图线粗细分明，尺寸排列美观易读，数字、字母和文字书写清晰规范，同字号字体大小一致，图面干净整洁。

🖥 小 结

本项目主要介绍了制图的基本知识，通过学习，要求掌握以下内容：

(1)掌握常用绘图工具和仪器的正确使用方法。

(2)熟悉图纸幅面、图线、比例、字体、建筑材料图例等制图标准。

(3)尺寸标注是一项严肃、认真的工作，必须严格遵守尺寸界线、尺寸线、尺寸起止符号和尺寸数字的标注规则。

(4)掌握正确的几何作图方法和绘图步骤。

项目二　投影基本知识

了解投影的概念和分类，掌握正投影的基本特性、三视图的形成及其投影规律。

任务一　投影概述

一、投影的概念

物体在阳光或灯光的照射下，在地面或墙面上会产生影子，这就是投影现象。人们在长期的生产实践中，将物体与影子之间的关系经过科学的抽象、总结，从而形成了投影法。工程界广泛采用投影的方法表达物体，以实现三维物体与二维图形的相互转换。

如图 2-1(a)所示，影子只反映物体的最外形轮廓；而投影则须按投影法原理，将物体的所有内外表面轮廓全部显示出来，如图 2-1(b)所示。

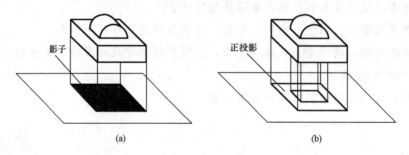

图 2-1　影子和投影

(a)影子；(b)投影

投影法，就是投射线通过物体向选定的投影面投射，并在该面上得到图形的方法。

投射线通过物体在投影面上得到的图形，称为物体在该投影面上的投影。

投影面是在投影法中得到投影的平面。

投射线、被投影的物体和投影面是产生投影必须具备的三个基本条件。

【特别提示】　工程制图中的投影与物体的影子是有区别的，投影必须按投影法原理，把物体的所有内外表面轮廓全部表示出来，影子则只需反映物体的外形轮廓。

二、投影法的分类

根据投射线的类型(平行或交汇)、投射线与投影面的相对位置(垂直或倾斜)的不同，投影法可分为以下两类。

(一)中心投影法

投射线汇交于一点的投影法为中心投影法。汇交点用 S 表示，称为投影中心，如图 2-2 所示。采用中心投影法绘制的图形一般不反映物体的真实大小，但立体感好，多用于绘制建筑物的透视图。

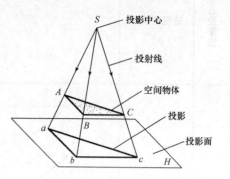

图 2-2　中心投影法

(二)平行投影法

投射线相互平行的投影法为平行投影法。用平行投影法投影所得到的图形称为平行投影，如图 2-3 所示。

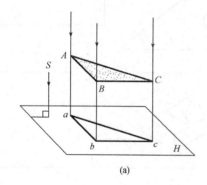 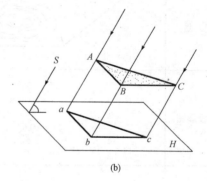

(a) (b)

图 2-3　平行投影法
(a)正投影法；(b)斜投影法

在平行投影法中，根据投射线与投影面的倾角不同，又可分为以下两种：

(1)正投影法。投射线垂直于投影面的平行投影法称为正投影法；由正投影法得到的投影称为正投影，如图 2-3(a)所示。

(2)斜投影法。投射线倾斜于投影面的平行投影法称为斜投影法；由斜投影法得到的投影称为斜投影，如图 2-3(b)所示。

采用正投影法绘制图样时，若将几何元素平行于投影面，其投影可以反映它的真实形状和大小，不仅作图方便，而且度量性好。故工程图样广泛采用正投影法来绘制。

【特别提示】　若无特殊说明，本课程中所述"投影"均指"正投影"。

三、工程上常用的投影图

工程上常用的投影图有透视投影图、标高投影图、轴测投影图和多面正投影图。具体见表 2-1。

表 2-1 工程上常见的投影图

类型		图例
中心投影法	透视投影图	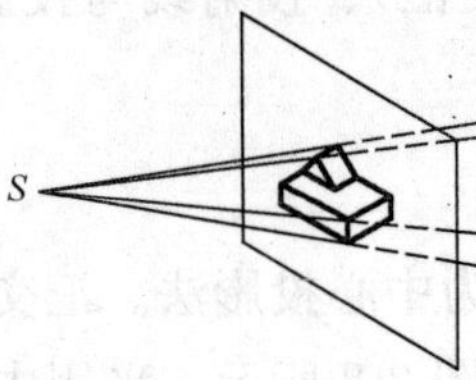
平行投影法	标高投影图	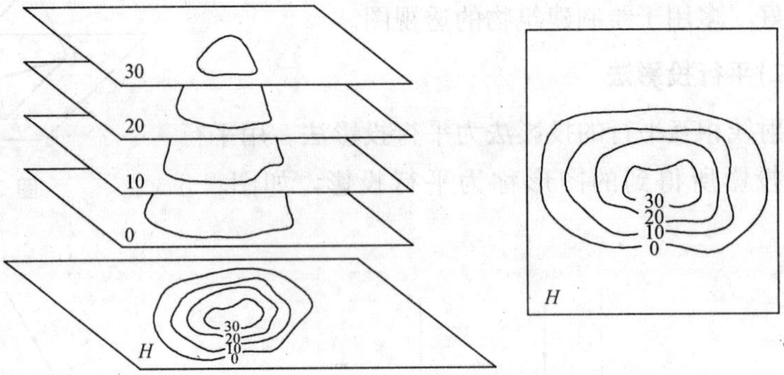
	轴测投影图	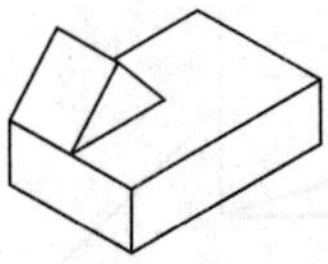
	多面正投影图	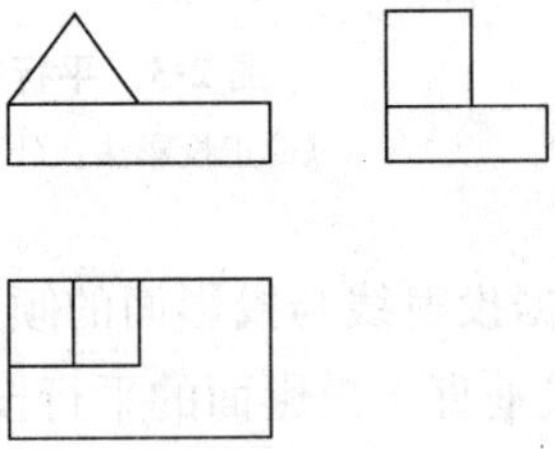

任务二　正投影基本特性

一、真实性

平行于投影面的直线段或平面图形，在该投影面上的投影反映线段的实长或平面图形的实形，这种投影特性称为真实性，如图 2-4 所示。

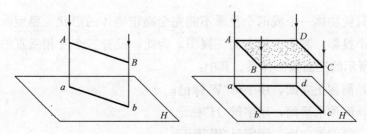

图 2-4　直线、平面平行于投影面

二、积聚性

垂直于投影面的直线段或平面图形,在该投影面上的投影积聚成一点或一条直线,这种投影特性称为积聚性,如图 2-5 所示。

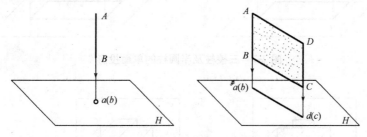

图 2-5　直线、平面垂直于投影面

三、类似性

倾斜于投影面的直线段或平面图形,在该投影面上的投影长度变短或是一个比实形小,但形状相似、边数相等的图形,这种投影特性称为类似性,如图 2-6 所示。

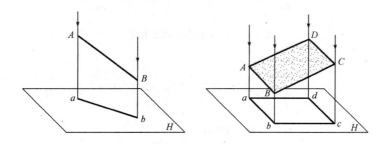

图 2-6　直线、平面倾斜于投影面

任务三　物体的三视图

一、三视图的形成

(一)投影面的设立

如图 2-7、图 2-8 所示,不同形状的物体,它们在同一投影面上的投影是相同的。说明在一般情况下，只凭物体一个或两个投影不能完全确定物体的形状。要反映物体的完整形状，通常需用三个投影，制图中称之为三视图。为此，设置三个互相垂直的平面作为投影面，形成图 2-9 所示的三面投影体系。其中：

正立投影面，简称正立面，用字母"V"标记；

水平投影面，简称水平面，用字母"H"标记；

侧立投影面，简称侧立面，用字母"W"标记。

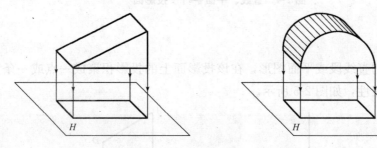

图 2-7　三棱柱及半圆柱的单面投影

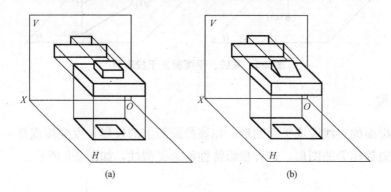

(a)　　　　　　　　　　(b)

图 2-8　不同形体的两面投影

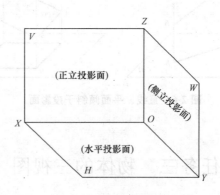

图 2-9　三面投影体系

投影面两两相交得到三根互相垂直的投影轴 OX、OY 和 OZ，三根轴的交点 O 称为原点。

(二)分面进行投影

如图 2-10(a)所示，将被投影的物体置于三面投影体系中，并尽可能使物体的几个主要表面平行或垂直于其中的一个或几个投影面(使物体的底面平行于"H"面，物体的前、后端面平行于"V"面，物体的左、右端面平行于"W"面)，以利于视图能反映物体的真实形状。保持物体的位置不变，将物体分别向三个投影面作投影，就得到了物体的三视图。其中：

主视图：物体在正立面上的投影，即从前向后看物体所画的视图；

俯视图：物体在水平面上的投影，即从上向下看物体所画的视图；

左视图：物体在侧立面上的投影，即从左向右看物体所画的视图。

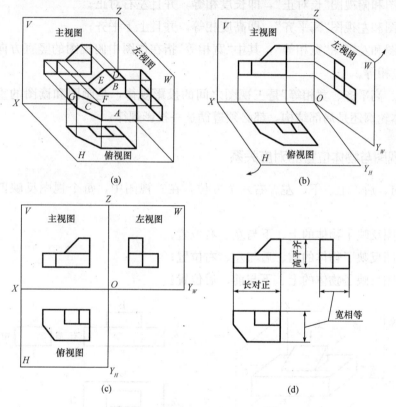

图 2-10 三视图的形成及投影规律

(a)物体在三面投影体系中的投影；(b)三投影面的展开方法；

(c)展开后的三视图；(d)三视图之间的投影规律

(三)三投影面的展开

为使三个视图位于同一平面上，需将互相垂直的三个投影面展开成一个平面。方法如图 2-10(b)所示。V 面不动，H 面绕 OX 轴向下旋转 $90°$；W 面绕 OZ 轴向右旋转 $90°$，使它们与 V 面在同一个平面内。这时 Y 轴被一分为二，随 H 面转至下方的标记为 Y_H，随 W 面转至右方的标记为 Y_w，展开后的三视图如图 2-10(c)所示。因为平面是无限大的，原用以表示三个投影面范围的边框已无意义，可以不画，三条投影轴也可省略，所画三视图如图 2-10(d)所示。

二、三视图的投影规律

三视图的投影规律，是指三个视图之间的关系。从三视图的形成过程中可以看出：

(1)主视图反映物体的长度(X方向)和高度(Z方向)；

(2)俯视图反映物体的长度(X方向)和宽度(Y方向)；

(3)左视图反映物体的高度(Z方向)和宽度(Y方向)。

因为三视图是在物体安放位置不变的情况下，从三个不同的方向投影，它们共同表达一个物体，并且每两个视图中就有一个共同尺寸，所以三视图之间存在如下的度量关系：

(1)主视图和俯视图"长对正"，即长度相等，并且左右对正；

(2)主视图和左视图"高平齐"，即高度相等，并且上下平齐；

(3)俯视图和左视图"宽相等"，其中"宽相等"指在作图中俯视图的竖直方向与左视图的水平方向对应相等。

"长对正、高平齐、宽相等"是三视图之间的投影规律，是画图和读图的重要依据。不论物体的总体轮廓还是局部结构，都必须遵循这一投影规律。

三、三视图与物体位置的对应关系

物体有前、后、上、下、左、右六个方位，在三视图中，每个视图反映四个方位，如图 2-11(b)所示。

(1)主视图反映了物体的上、下与左、右位置；

(2)俯视图反映了物体的前、后与左、右位置；

(3)左视图反映了物体的上、下与前、后位置。

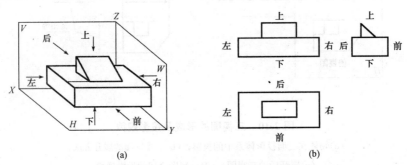

(a)　　　　　　　　　　(b)

图 2-11　三视图与物体位置的对应关系

【特别提示】　判断物体的前、后位置是个难点，应对照立体图加以理解，并可用"远前近后"这四个字帮助记忆。即在俯视图和左视图中，远离主视图的一边是物体的前面，靠近主视图的一边是物体的后面。

由于物体的投影图与投影轴的距离不影响物体本身的形状、大小，所以，在实际工程图样中，投影轴可以省略不画。

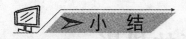

小 结

本项目主要介绍了投影的基本知识，通过学习，要求掌握如下内容：

(1)了解投影的概念。投影分中心投影和平行投影，平行投影又分斜投影和正投影。投射线互相平行且垂直于投影面的投影称正投影，工程上常用正投影法绘制物体的投影图。

(2)掌握正投影的基本特性"真实性、积聚性、类似性"。

(3)了解三视图的形成过程，掌握三视图的投影规律"长对正，高平齐，宽相等"及三视图与物体位置之间的对应关系。

(4)会根据立体图画物体的三视图。

项目三 点、直线、平面的投影

学习目标

熟悉点、直线、平面投影作图方法；掌握各种位置、直线、平面的投影特性。

点、直线、平面是构成物体的最基本的几何元素，掌握它们的投影理论和作图方法，可以提高对物体投影的分析能力和空间想象能力，解决复杂物体画图及读图问题。

任务一 点的投影

一、点的位置和直角坐标

空间点的位置，可由其直角坐标值来确定，书写形式为 $A(x, y, z)$。

如图 3-1 所示，将相互垂直的三个投影面作为直角坐标平面，投影轴作为三个坐标轴，O 点作为坐标原点，则相应坐标值就是空间点到各投影面的距离。

x 坐标表示空间点 A 到 W 面的距离。

y 坐标表示空间点 A 到 V 面的距离。

z 坐标表示空间点 A 到 H 面的距离。

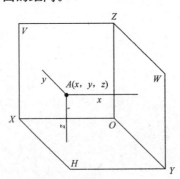

图 3-1 空间点的位置和直角坐标

二、点的三面投影

如图 3-2(a)所示，设在三面投影体系中有一个点 A，过 A 点分别向三投影面作投射线

（垂线），交得垂足 a、a'、a''，a、a'、a'' 即为 A 点在三个投影面上的投影。

移去空间点 A，按照项目二中所规定的投影面展开方法，将三投影面展开摆平，便得到点 A 的三面投影图，如图 3-2(b)或(c)所示。

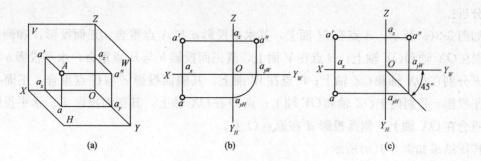

图 3-2　点的三面投影

规定空间点用大写字母标记，如 A、B、C、D……它们在 H 面上的投影用相应的小写字母标记，如 a、b、c、d……在 V 面上的投影用相应的小写字母加一撇标记，如 a'、b'、c'、d'……在 W 面上的投影用相应的小写字母加两撇标记，如 a''、b''、c''、d''……

A 点在 H 面上的投影 a，称为点的水平投影，它反映 A 点到 W、V 两个投影面的距离，即由坐标值 x、y 所决定。

A 点在 V 面上的投影 a'，称为点的正面投影，它反映 A 点到 W、H 两个投影面的距离，即由坐标值 x、z 所决定。

A 点在 W 面上的投影 a''，称为点的侧面投影，它反映 A 点到 V、H 两个投影面的距离，即由坐标值 y、z 所决定。

由此可知，点的一面投影反映点到两个投影面的距离，即两个坐标值，所以，仅有点的一个投影不能确定点的空间位置；点的任意两面投影就可以反映点到三个投影面的距离，即三个坐标，所以，点的两面投影可以确定点的空间位置。

三、点的投影规律

由图 3-2(a)可知，空间点向各投影面和投影轴作垂线后，这些垂线和坐标轴一起组成一个长方体，故有如下关系：

$Aa''=a'a_z=aa_y=X$，X 坐标即为空间点 A 到 W 面的距离；

$Aa=a'a_x=a''a_y=Z$，Z 坐标即为空间点 A 到 H 面的距离；

$Aa'=aa_x=a''a_z=Y$，Y 坐标即为空间点 A 到 V 面的距离。

由此可得点的三面投影规律，如图 3-2(b)、(c)所示。

(1)正面投影与水平投影的连线垂直于 OX 轴，即 $a'a⊥OX$。

(2)正面投影与侧面投影的连线垂直于 OZ 轴，即 $a'a''⊥OZ$。

(3)水平投影到 X 轴的距离等于侧面投影到 Z 轴的距离，即 $aa_x=a''a_z$。

【**特别提示**】　在点的三面投影图中，为了明确其投影规律，便于进行投影分析，要求用细实线按点的投影规律将点的相邻投影连接起来，即得投影连线 aa'、$a'a''$，a 与 a'' 不能直接相连，需要借用45°斜线或圆弧连接。

【例3-1】 如图3-3(a)所示，已知A、B、C、D四点分别位于投影面和投影轴上，求作各点的三面投影图。

分析：

如图3-3(a)所示，A点在H面上，其水平投影a与A点重合，正面投影a'和侧面投影a''分别在OX轴和OY轴上；B点在V面上，其正面投影b'与B点重合，水平投影b和侧面投影b''分别在OX轴和OZ轴上；C点在W面上，其侧面投影c''与C点重合，正面投影c'和水平投影c分别位于OZ轴和OY轴上；点D在OX轴上，其正面投影d'、水平投影d与D点重合在OX轴上，侧面投影d''在原点O上。

作图结果如图3-3(b)所示。

【特别提示】 B点的正面投影在X轴上方、Z轴左侧；A点的水平投影在X轴下方、Y_H轴左侧；C点的侧面投影在Z轴右侧、Y_W轴上方。

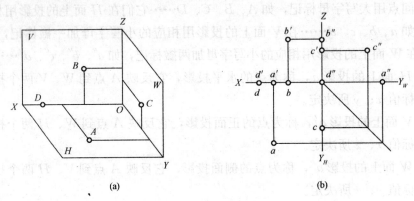

(a)   (b)

图3-3 特殊位置点的投影

(a)已知；(b)作图

【例3-2】 如图3-4(a)所示，已知A、B两点的两面投影，求作其第三面投影。

分析：

根据点的投影规律"长对正，高平齐，宽相等"，可由两面投影求出第三面投影。

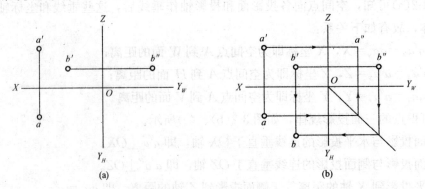

(a)   (b)

图3-4 求点的第三面投影

(a)已知；(b)作图

作图步骤：

(1)过 O 点作 45°斜线。

(2)过 a' 作 OZ 轴垂线；过 a 作 OY_H 轴垂线与 45°斜线相交，并向上引铅垂线，两线相交于 a''。

(3)过 b' 作 OX 轴垂线；过 b'' 作 OY_W 轴垂线与 45°斜线相交，再向左引水平线，两线相交于 b。

作图结果如图 3-4(b)所示。

四、两点的相对位置及重影点

(一)两点的相对位置

空间两点的相对位置可用两点坐标值的大小来判断。两点的同面投影 x 坐标值大者在左，坐标值小者在右；y 坐标值大者在前，y 坐标值小者在后；z 坐标值大者在上，z 坐标值小者在下。

(二)重影点

当空间两点处于某投影面的同一条投射线上时，它们在该投影面上的投影重合为一点，这两点称为该投影面的重影点。由此可知，重影点的空间条件是两点处于某投影面的同一条投射线上，其坐标条件是有两个坐标值相等。

如图 3-5 所示，A、B 两点的水平投影重合为一点，A、B 两点是 H 面上的重影点；C、D 两点的正面投影重合为一点，C、D 两点是 V 面上的重影点；E、F 两点的侧面投影重合为一点，E、F 两点是 W 面上的重影点。

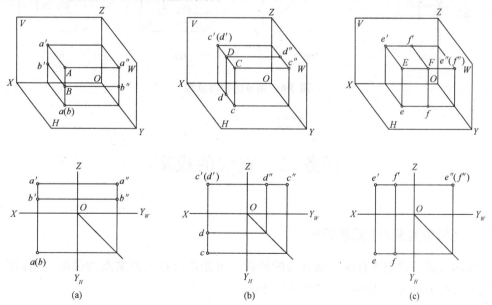

图 3-5　投影面的重影点

(a)H 面重影点；(b)V 面重影点；(c)W 面重影点

在图 3-5(a)中，A 位于 B 的正上方，A 点在上可见，B 点在下不可见，水平投影 a 写在前面，b 写在后面并加括号；在图 3-5(b)中，C 位于 D 的正前方，C 点在前可见，D 点在后不可见，正面投影 c' 写在前面，d' 写在后面并加括号；在图 3-6(c)中，E 位于 F 的左侧，E 点在左可见，F 点在右不可见，侧面投影 e'' 写在前面，f'' 写在后面并加括号。

【例 3-3】 如图 3-6(a)所示，已知 A、B 两点的三面投影，试判断两点的相对位置，并画出两点的直观图。

分析：

从图 3-6(a)中可以看出，$X_A > X_B$，所以 A 点在左，B 点在右；$Y_A > Y_B$，所以 A 点在前，B 点在后；$Z_A < Z_B$，所以 A 点在下，B 点在上。

作直观图：

(1)画投影面的直观图。X 轴为水平线，Z 轴为铅垂线，Y 轴与水平线呈 45°。画投影面时，投影面的边框与相应的投影轴平行，如图 3-6(b)所示。

(2)画 A、B 两点投影的直观图。根据坐标值大小沿轴截取，过截取点作相应轴的平行线，即可得点在三投影面上的投影，如图 3-6(c)所示。

(3)画 A、B 两点的直观图。过 a、a'、a'' 分别作 Z、Y 和 X 轴的平行线，三线交点即为空间点 A；过 b、b'、b'' 分别作 Z、Y 和 X 轴的平行线，三线交点即为空间点 B，如图 3-6(d)所示。

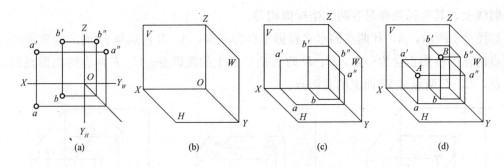

(a)   (b)   (c)   (d)

图 3-6 两点的相对位置

任务二 直线的投影

一、各种位置直线的投影特性

直线的投影一般仍为直线。画直线的投影，可先作出直线两端点的投影，然后用粗实线将其同面投影连成直线即得，如图 3-7 所示。

根据直线在三面投影体系中对三个投影面所处位置的不同，可将直线分为一般位置直线、投影面平行线和投影面垂直线。其中，后两类统称为特殊位置直线。

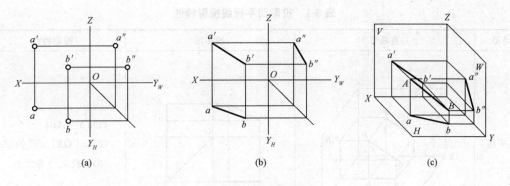

图 3-7　直线的投影

(一)一般位置直线

相对三个投影面都倾斜的直线称为一般位置直线，直线与 H、V、W 面的倾角分别用 a、β、γ 表示，如图 3-8(a)所示。

一般位置直线的投影特性为：三个投影都倾斜且小于实长，其与投影轴的夹角不反映空间直线与投影面的倾角，如图 3-8(b)所示。

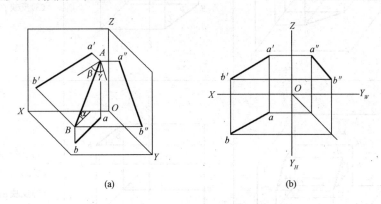

图 3-8　一般位置直线的投影

(二)投影面平行线

平行于一个投影面，而与另外两个投影面倾斜的直线称为投影面平行线。投影面平行线可分为三种：

正平线——平行于 V 面，倾斜于 H、W 面；

水平线——平行于 H 面，倾斜于 V、W 面；

侧平线——平行于 W 面，倾斜于 V、H 面。

投影面平行线的直观图、投影图及投影特性见表 3-1。

投影面平行线的投影特性可归纳为：与直线平行的投影面上的投影为一斜线，反映实长，并反映与其他两投影面的倾角；其余两投影小于实长，且平行于相应投影轴。

表 3-1 投影面平行线投影特性

类型	直观图	投影图	投影特性
正平线			(1)$a'b'=AB$; (2)$ab // OX$;$a''b'' // OZ$; (3)反映 α、γ 角大小
水平线			(1)$ab=AB$; (2)$a'b' // OX$;$a''b'' // OY_W$; (3)反映 β、γ 角大小
侧平线			(1)$a''b''=AB$; (2)$a'b' // OZ$;$ab // OY_H$; (3)反映 α、β 角大小

(三)投影面垂直线

垂直于一个投影面,而与另外两个投影面平行的直线称为投影面垂直线。投影面垂直线也可分为三种:

正垂线——垂直于 V 面,平行于 H、W 面;

铅垂线——垂直于 H 面,平行于 V、W 面;

侧垂线——垂直于 W 面,平行于 V、H 面。

投影面垂直线的直观图、投影图及投影特性见表 3-2。

投影面垂直线的投影特性可归纳为:在与直线垂直的投影面上的投影积聚为一点,其他两投影反映实长,且垂直于相应投影轴。

表 3-2　投影面垂直线投影特性

类型	直观图	投影图	投影特性
铅垂线			(1)$a(b)$积聚成一点； (2)$a'b'\perp OX$；$a''b''\perp OY_W$； (3)$a'b'=a''b''=AB$
正垂线			(1)$a'(b')$积聚成一点； (2)$ab\perp OX$；$a''b''\perp OZ$； (3)$ab=a''b''=AB$
侧垂线			(1)$a''(b'')$积聚成一点； (2)$ab\perp OY_H$；$a'b'\perp OZ$； (3)$ab=a'b'=AB$

二、直线上点的投影

直线上的点具有以下两个特性（图 3-9）：

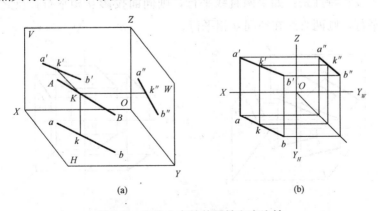

(a)　　　　　　　　　　　　(b)

图 3-9　直线上点的从属性和定比性

(1)从属性。若点在直线上，则点的投影必在直线的同面投影上。

(2)定比性。直线上的点分割线段之比等于其投影之比。即 $AK:KB=ak:kb=a'k':k'b'=a''k'':k''b''$。

【例 3-4】 已知直线 AB 的投影图，如图 3-10(a)所示，且 $AC:CB=2:1$，试求 C 点的投影。

分析：

由直线上点的定比性可知，$a'c':c'b'=ac:cb=2:1$。

作图步骤：

(1)过 a 任作一直线，在直线上截取三等份 $a1=12=23$。

(2)连接 $b3$，过 2 点作 $b3$ 的平行线，与 ab 交于 c，如图 3-10(b)所示。

(3)过 c 点作 OX 轴垂线，与 $a'b'$ 交于 c'，完成作图，如图 3-10(c)所示。

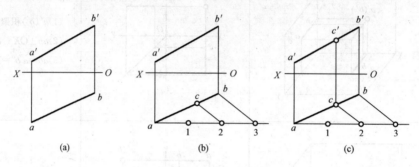

图 3-10 直线上的点

三、两直线的相对位置

空间两直线的相对位置有平行、相交和交叉三种。

(一)两直线平行

如图 3-11 所示，$AB/\!/CD$，直线 AB、CD 与投射线形成的平面 $ABba/\!/CDdc$，它们与水平投影面相交，故 $ab/\!/cd$。同理，可证明 $a'b'/\!/c'd'$、$a''b''/\!/c''d''$。

平行直线的投影特性是：如果两直线平行，则同面投影互相平行；反之，如果两直线同面投影互相平行，则两直线在空间互相平行。

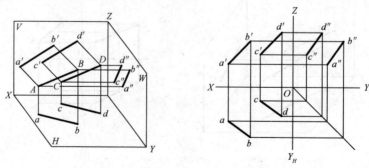

图 3-11 两直线平行

(二)两直线相交

两直线相交必有一交点，交点为两直线的共同点。如图 3-12 所示，AB 与 CD 交于 K 点，K 点的投影符合点的投影规律，即 $k'k \perp OX$，$k'k'' \perp OZ$；K 点在 AB 上，则 k' 在 $a'b'$ 上，k 在 ab 上，k'' 在 $a''b''$ 上；K 点在 CD 上，则 k' 在 $c'd'$ 上，k 在 cd 上，k'' 在 $c''d''$ 上。

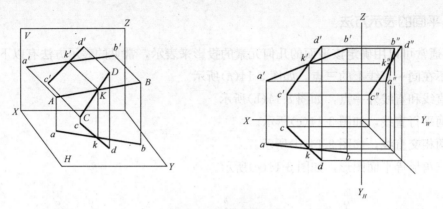

图 3-12　两直线相交

相交直线的投影特性是：两直线相交，它们的同面投影也必定相交，且交点符合点的投影规律；反之，如果两直线的同面投影都相交，且交点符合点的投影规律，则两直线在空间一定相交。

(三)两直线交叉

两直线既不平行又不相交称为交叉。

交叉直线的投影特性是：既不符合两直线平行的投影特性，也不符合两直线相交的投影特性。

交叉两直线的投影也可能有一组、两组甚至三组是相交的，但它们的交点不符合点的投影规律，是重影点的投影，如图 3-13(a)所示。

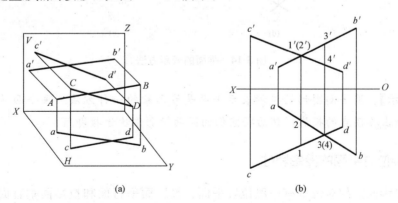

(a)　　　　　　　　　　　　　　(b)

图 3-13　交叉直线的重影点

判断交叉直线重影点可见性的步骤为：先从重影点画一根垂直于投影轴的直线到另一个投影中，就可以将重影点分开成两个点，所得两个点中坐标值大的一点为可见，坐标值小的一点为不可见，不可见的投影要加括号，如图 3-13(b)所示。

任务三　平面的投影

一、平面的表示方法

平面通常可以用确定该平面的几何元素的投影来表示，常见的表示方法有以下几种：

(1)不在同一直线上的三点，如图 3-14(a)所示。

(2)直线和直线外一点，如图 3-14(b)所示。

(3)两平行直线，如图 3-14(c)所示。

(4)两相交直线，如图 3-14(d)所示。

(5)三角形等平面图形，如图 3-14(e)所示。

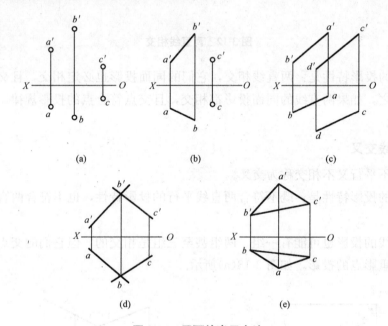

图 3-14　平面的表示方法

【特别提示】　用平面图形的投影表示平面是最形象的一种方法。画平面多边形的投影时，一般先画出各顶点的投影，然后将它们的同面投影依次连接即可。

二、各种位置平面的投影特性

平面对投影面的相对位置有一般位置平面、投影面平行面和投影面垂直面三种。后两种又称为特殊位置平面。

(一)一般位置平面

与三个投影面都倾斜的平面称为一般位置平面。其投影特性是：三个投影均为类似形，且不反映该平面与投影面的倾角，如图 3-15 所示。

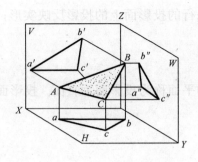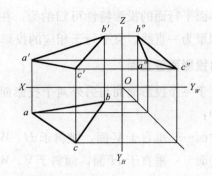

图 3-15　一般位置平面的投影

(二)投影面平行面

平行于一个投影面，和另外两个投影面都垂直的平面称为投影面平行面。投影面平行面分为三种：

正平面——平行于 V 面，垂直于 H、W 面；

水平面——平行于 H 面，垂直于 V、W 面；

侧平面——平行于 W 面，垂直于 V、H 面。

投影面平行面的直观图、投影图及投影特性见表 3-3。

表 3-3　投影面平行面的投影特性

类型	直观图	投影图	投影特性
水平面			(1) p 反映实形； (2) p'、p'' 积聚成直线； (3) $p'/\!/OX$，$p''/\!/OY_W$
正平面			(1) q' 反映实形； (2) q、q'' 积聚成直线； (3) $q/\!/OX$，$q''/\!/OZ$
侧平面			(1) r'' 反映实形； (2) r、r' 积聚成直线； (3) $r/\!/OY_H$，$r'/\!/OZ$

投影面平行面的投影特性可归纳为：在与之平行的投影面上的投影反映实形；其余两投影均积聚为一直线，且平行于相应的投影轴。

(三)投影面垂直面

垂直于一个投影面而与另外两个投影面倾斜的平面称为投影面垂直面。投影面垂直面也分三种：

正垂面——垂直于 V 面，倾斜于 H、W 面；

铅垂面——垂直于 H 面，倾斜于 V、W 面；

侧垂面——垂直于 W 面，倾斜于 V、H 面。

投影面垂直面的直观图、投影图及投影特性见表 3-4。

表 3-4 投影面垂直面投影特性

类型	直观图	投影图	投影特性
铅垂面			(1)p 积聚成一条直线； (2)p 与投影轴夹角反映 β 角和 γ 角； (3)p'、p'' 为类似图形
正垂面			(1)q' 积聚成一条直线； (2)q' 与投影轴夹角反映 α 角和 γ 角； (3)q、q'' 为类似图形
侧垂面			(1)r'' 积聚成一条直线； (2)r'' 与投影轴夹角反映 α 角和 β 角； (3)r、r' 为类似图形

投影面垂直面的投影特性可归纳为：在与之垂直的投影面上的投影积聚为一斜线，该斜线与相应投影轴的夹角反映平面对其他两投影面的倾角；其余两投影均为类似形。

【例3-5】 图3-16(a)所示为正三棱锥的三面投影图，试确定各棱面与投影面的相对位置。

分析：

底面 ABC：V 面投影 $a'b'c'$ 与 W 面投影 $a''(c'')b''$ 均积聚为水平线，可确定底面 ABC 是水平面，水平投影 $\triangle abc$ 反映底面 ABC 实形，如图3-16(b)所示。

棱面 SAB：三个投影 $\triangle sab$、$\triangle s'a'b'$、$\triangle s''a''b''$ 都没有积聚性，均为棱面 SAB 的类似形，可判断 SAB 是一般位置平面，如图3-16(c)所示。

同理，棱面 SBC 也为一般位置平面。

棱面 SAC：V 面投影 $\triangle s'a'c'$、H 面投影 $\triangle sac$ 均为类似形，W 面投影 $s''a''(c'')$ 积聚成斜线，可判断棱面 SAC 是侧垂面，如图3-16(d)所示。

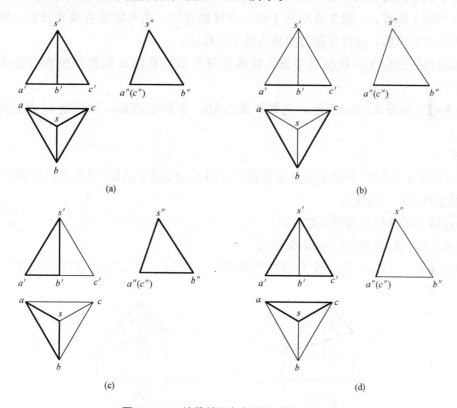

(a)

(b)

(c)

(d)

图3-16　三棱锥棱面与投影面的相对位置

三、平面上的点和直线

(一)平面上的直线

由几何学可知，如果一直线通过平面上的两个点，或者通过平面上的一个点且平行于平面上的另一直线，则此直线必在该平面上。

如图3-17所示，$\triangle ABC$ 确定一平面 P，由于 M、N 两点分别在 AB、AC 上，所以 MN 连线也一定在平面 P 上。EF 和 ED 两相交直线确定一平面 Q，如在 ED 上取一点 M，

过 M 作 $MN /\!/ EF$，则 MN 必在平面 Q 上。

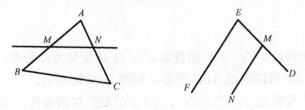

图 3-17　平面上的直线

(二)平面上的点

点在平面上的几何条件是：如果点在平面内的任一直线上，则该点必在此平面上。

要在平面上取点，一般先在平面上作一条辅助直线，先求辅助直线的投影，然后再求辅助直线上点的投影，这种作图方法称为辅助直线法。

辅助直线法适应于一般位置平面，特殊位置平面可利用其积聚性投影直接求取点的投影。

【例 3-6】　如图 3-18(a)所示，已知平面 $\triangle ABC$ 及 D 点投影，试判断 D 点是否在平面 $\triangle ABC$ 上。

分析：

若 D 点位于 $\triangle ABC$ 平面上的一条直线上，则 D 点必在 $\triangle ABC$ 平面上，否则就不在。

作图步骤[图 3-18(b)]：

(1)连接 $a'd'$ 并延长与 $b'c'$ 交于 e'。

(2)过 e' 作 OX 轴垂线，与 bc 交于 e。

(3)连接 ae。d 在 ae 上，故 D 点在直线 AE 上，所以，D 点在 $\triangle ABC$ 平面上。

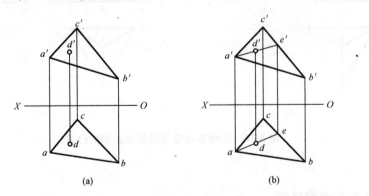

图 3-18　判断点是否在平面上

(a)已知条件；(b)作图结果

(三)平面内的投影面平行线

平面内与投影面平行的直线，称为平面内的投影面平行线。平面内平行于 H、V、W 面的直线，分别称为平面内的水平线、平面内的正平线及平面内的侧平线。

平面内的投影面平行线，既具有投影面平行线的投影特征，又符合直线在平面内的几何条件。

如图 3-19 所示，AD 为△ABC 平面内的正平线，CE 为△ABC 平面内的水平线，BF 为△ABC 平面内的侧平线。△ABC 及其上的正平线、水平线、侧平线的三面投影分别如图 3-19(a)、(b)、(c)所示。

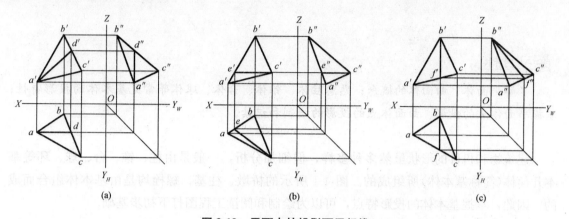

图 3-19 平面内的投影面平行线

(a)平面内的正平线；(b)平面内的水平线；(c)平面内的侧平线

小 结

本项目主要介绍了点、直线、平面的投影，通过学习，要求掌握如下内容：

(1)点的投影规律、点的坐标与空间位置的关系，能正确判断两点的相对位置及重影点的可见性。

(2)一般位置直线、投影面平行线和投影面垂直线的投影特性；直线上点的投影具有两个特性：从属性和定比性；空间两直线的相对位置有平行、相交和交叉，能根据投影图正确判断两直线的相对位置。

(3)一般位置平面、投影面平行面和投影面垂直面的投影特性，能根据投影图正确判断点、直线是否在平面上。

项目四　基本体的投影

学习目标

了解平面体、曲面体的概念；熟悉柱体、锥体、台体、球体等常见基本体的投影特性；掌握平面体点的投影、曲面体点的投影的绘制和识读。

建筑物和机件的形状虽然多种多样，但细加分析，一般是由柱、锥、台、球、环等基本几何体(简称基本体)所组成的。图 4-1 所示的桥墩、柱基、螺栓均是由基本体组合而成的。因此，掌握基本体的投影特点，可以为绘制和阅读工程图打下初步基础。

基本体可分为平面体和曲面体两类。

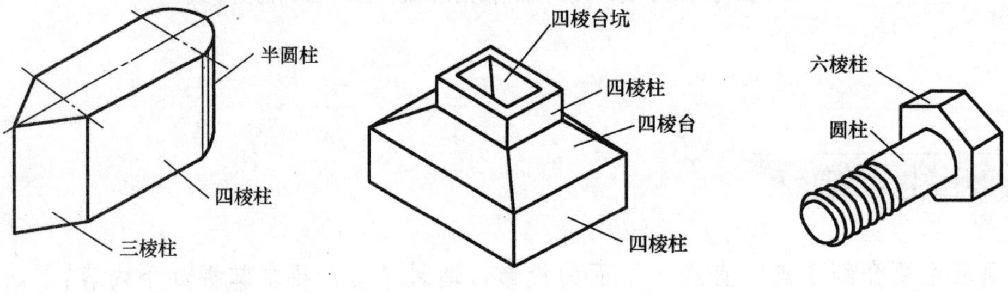

(a)　　(b)　　(c)

图 4-1　基本体与工程形体

(a)桥墩；(b)柱基；(c)螺栓

任务一　平面体及表面上点的投影

平面体是指其表面均由平面所组成的立体。平面体的表面称为棱面，平面体上相邻表面的交线称为棱线。平面体又可分为棱柱体、棱锥体和棱台体。

一、平面体投影

(一)棱柱体

棱柱体是指上、下两个底面为全等且平行的多边形，各棱线均相互平行的立体。如棱线垂直于底面称为直棱柱体；棱线不垂直底面时称为斜棱柱体。直棱柱体的底面为正多边形时则称为正棱柱体。

【例 4-1】 绘制正六棱柱三面投影图。

1. 形体分析

如图 4-2 所示,正六棱柱的上、下底面为全等且相互平行的正六边形,六个棱面为全等的矩形,六条棱线均与底面垂直。

2. 投影位置

使正六棱柱上、下底面与水平面平行,并使其前后两个棱面平行于正立面。

3. 投影分析

(1)水平投影。由于上、下两个底面均平行于水平面,所以水平投影反映正六边形的实形而且重影。六个棱面都垂直于水平面,其水平投影分别积聚在底面水平投影正六边形的六条边上。

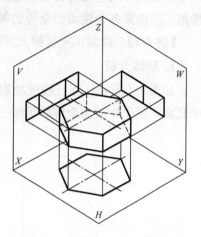

图 4-2　正六棱柱三面投影的形成

(2)正面投影。上底面和下底面的正面投影积聚为两条水平的直线,其间距即为棱柱的高度。六个棱面是前后对称的,它们的正面投影重影成三个矩形线框,中间一个线框反映前后两个棱面的实形,左右四个棱面倾斜于正立面,其正面投影为左右两个线框,不反映棱面的实形。

(3)侧面投影。上底面和下底面的侧面投影也积聚为两条水平的直线,其间距与正面投影的高度相同。左右四个棱面的侧面投影重影成两个矩形线框,前后两个棱面的侧面投影积聚为左右两条铅垂的直线。

【特别提示】 侧面投影中只有两个矩形线框,其总宽度与水平投影中的宽度相等。

4. 作图步骤

(1)画投影轴和对称中心线,如图 4-3(a)所示。

(2)画反映底面实形的水平投影(正六边形),如图 4-3(b)所示。

(3)根据"长对正"和正六棱柱的高度画正面投影;根据"高平齐,宽相等"画侧面投影,如图 4-3(c)所示。

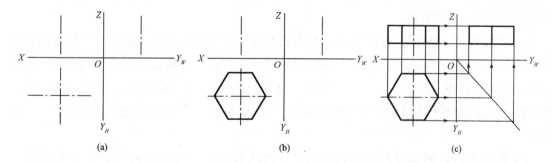

(a)　　　　　　　　　　(b)　　　　　　　　　　(c)

图 4-3　作正六棱柱的投影

(二)棱锥体

棱锥体是指底面为多边形，所有棱线汇集于锥顶点，各棱面均为三角形的立体。锥顶点至底面重心的连线为棱锥的轴线，如轴线垂直于底面，并且底面为正多边形时，称为正棱锥。正棱锥各个棱面为全等的等腰三角形。

【例 4-2】 绘制正三棱锥三面投影图。

1. 形体分析

如图 4-4 所示，正三棱锥的底面为一等边三角形，三棱锥的轴线通过底面重心并垂直于底面，三个棱面为全等的等腰三角形。

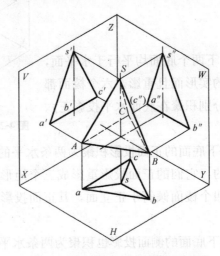

图 4-4 正三棱锥三面投影的形成

2. 投影位置

使正三棱锥的底面 ABC 与水平面平行，并使其一条边线 AC 垂直于侧立面。

3. 投影分析

(1)水平投影。因为底面平行于水平面，所以底面的水平投影△abc 反映底面△ABC 的实形。正三棱锥顶点 S 的水平投影 s 位于△abc 的重心上。三条棱线 SA、SB、SC 的水平投影为 sa、sb、sc，三个棱面△SAB、△SBC、△SAC 的水平投影为△sab、△sbc、△sac，它们均不反映实长和实形。

(2)正面投影。底面△ABC 的正面投影积聚为一水平线 $a'b'c'$，锥顶点 S 的正面投影 s' 位于 $a'b'c'$ 的垂直平分线上，由 s' 至 $a'b'c'$ 的距离等于三棱锥的高度。棱面△SAB、△SBC 的正面投影△$s'a'b'$、△$s'b'c'$ 为两个直角三角形线框。棱面△SAC 在后面，其正面投影△$s'a'c'$ 为不可见且与其他两棱面的投影重影。三个棱面的正面投影都不反映实形。

(3)侧面投影。侧面投影为一斜三角形，其底边为正三棱锥底面△ABC 的侧面投影 $a''(c'')b''$，具有积聚性。正三棱锥后棱面△SAC 的侧面投影 $s''(c'')a''$，也有积聚性。斜三角形线框为左右两个棱面△$s''a''b''$ 和△$s''(c'')b''$ 的重影，都不反映实形。只有棱线 SB 平行于侧面，其侧面投影 $s''b''$ 反映实长。

【特别提示】 侧面投影斜三角形的底边不反映正三棱锥底边的实长，其顶点的位置需要根据水平投影来确定。

4. 作图步骤

（1）画投影轴和水平投影。作等边△abc，由重心 s 连接各顶角 sa、sb、sc，如图 4-5（a）所示。

（2）画正面投影。根据"长对正"和三棱锥高度作底面 $a'b'c'$ 和锥顶 s'，连接 $s'a'$、$s'b'$、$s'c'$，如图 4-5（b）所示。

（3）画侧面投影。根据"高平齐、宽相等"作底面 $a''(c'')b''$ 和锥顶 s''，连接 $s''a''$、$s''b''$、$s''(c'')$，如图 4-5（c）所示。

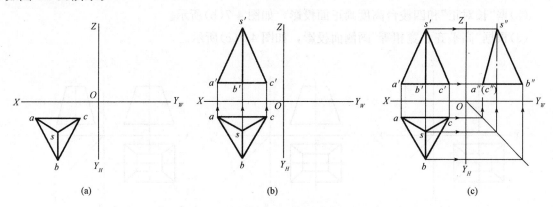

图 4-5　作正三棱锥的投影

（三）棱台体

棱锥被平行于底面的截平面切去锥顶后即为棱台。棱台的两个底面均为多边形，互相平行且相似，棱线的延长线汇集于一点，各棱面均为梯形。

【例 4-3】 绘制四棱台的三面投影图。

1. 形体分析

如图 4-6 所示，四棱台的底面互相平行，为一大一小两个矩形；四个棱面均为梯形；四条棱线的延长线相交于一点。

2. 投影位置

使四棱台的上、下底面与水平面平行，左、右两个棱面垂直于正立面，前、后两个棱面垂直于侧立面。

3. 投影分析

水平投影为一大一小两个矩形线框。上、下底面与水平面平行，所以水平投影反映底面实形，小矩形在内，大矩形在外；两个矩形顶点的连线形成四个梯形，分别

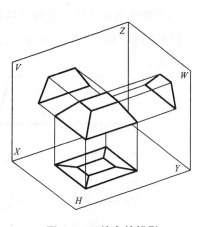

图 4-6　四棱台的投影

对应四个棱面的水平投影，四个棱面与水平面倾斜，投影不反映实形。

正面投影为梯形线框。上、下底面与水平面平行，正面投影积聚成水平线；左、右两个棱面垂直于正立面，正面投影积聚成左、右两条斜线；前、后两个棱面与正立面倾斜，投影重合为梯形，不反映实形。

侧面投影为梯形线框。上、下底面与水平面平行，侧面投影积聚成水平线；前、后两个棱面垂直于侧立面，侧面投影积聚成前、后两条斜线；左、右两个棱面与侧立面倾斜，投影重合为梯形，不反映实形。

4. 作图步骤

(1)画投影轴和水平投影。水平投影反映底面实形，为两个相似矩形，分别连接两矩形各顶点，如图 4-7(a)所示。

(2)据"长对正"和四棱台高度画正面投影，如图 4-7(b)所示。

(3)根据"高平齐、宽相等"画侧面投影，如图 4-7(c)所示。

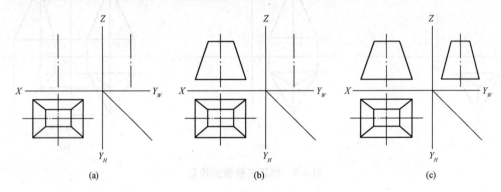

(a)　　　　　　　　　　(b)　　　　　　　　　　(c)

图 4-7　四棱台三面投影

二、平面体上点的投影

(一)积聚性法

当立体表面对投影面处于特殊位置时，它的投影具有积聚性。求立体表面上点的投影，可利用积聚性直接求出，这种方法称为积聚性法。

【例 4-4】　如图 4-8(a)所示，已知四棱台侧面上 K 点的水平投影 k，求 K 点的正面投影和侧面投影。

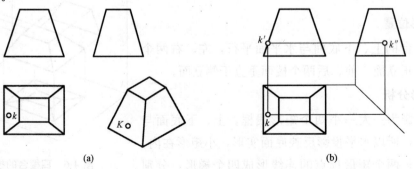

(a)　　　　　　　　　　　　　　　(b)

图 4-8　四棱台表面取点

分析：

由于 k 可见，可判定 K 点位于四棱台的左侧棱面上。四棱台左侧棱面为正垂面，正面投影积聚为一斜线，则 K 点正面投影可用积聚性法直接求出。

作图步骤[图 4-8(b)]：

(1)先求正面投影 k'。根据长对正，由 k 向上作垂线，与四棱台左侧棱面的正面投影相交得 k'。

(2)根据"高平齐，宽相等"，由 k 和 k' 求出侧面投影 k''。

(3)判断可见性。左侧棱面的侧面投影可见，所以 k'' 可见；左侧棱面的正面投影积聚成一斜线，k' 可见。

【特别提示】 判断可见性时，点所在面的投影可见，则点的投影可见。

【例 4-5】 如图 4-9(a)所示，已知三棱柱表面上 A 点和 B 点的正面投影 a' 和 (b')，求它们的水平投影和侧面投影。

分析：

A 点的正面投影 a' 可见，又位于右侧，可知 A 点位于三棱柱的右前棱面上。B 点的正面投影 (b') 不可见，可知 B 点位于三棱柱后棱面上。右前棱面和后棱面的水平投影均积聚成直线，所以 A、B 点的水平投影可利用积聚性直接求出。

作图步骤[图 4-9(b)]：

(1)由 a' 向下作垂线与水平投影的前边斜线相交得 a，再由 a' 和 a 根据点的投影规律求得 a''。

(2)由 (b') 向下作垂线，直接求得 B 的水平投影 b，再由 b' 和 b 根据点的投影规律求得 b''。

(3)判断可见性。由于右前棱面的侧面投影不可见，所以 a'' 不可见。

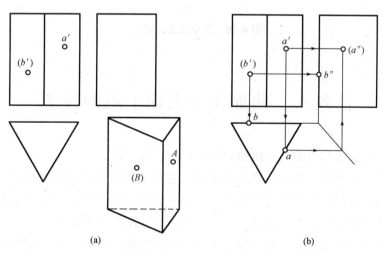

(a)　　　　　　　　　　　　(b)

图 4-9　三棱柱表面取点

(二)辅助直线法

当立体表面为一般位置面时，它的三面投影都没有积聚性，在这些面上求点的投影应该用辅助直线法。

【例 4-6】 如图 4-10(a)所示，已知三棱锥表面上 K 点的正面投影 k'，求 K 点的水平投影和侧面投影。

分析：

由于 k' 可见，可判定 K 点在 SBC 棱面上，SBC 棱面为一般位置平面，三面投影都没有积聚性，要用辅助直线法求解。

作图步骤：

(1)作辅助直线的投影。过 k' 作 $b'c'$ 平行线与 $s'c'$ 交于 d'，再由 d' 分别向 X 和 Z 轴作垂线，与 sc 和 $s''(c'')$ 交于 d 和 d''，过 d 和 d'' 分别作 bc 和 $b''(c'')$ 的平行线，即得辅助直线的水平投影和侧面投影，如图 4-10(b)所示。

(2)求 K 点的投影。由 k' 作 X 轴的垂线与辅助直线的水平投影相交得 k，再由 k 求出 k''，如图 4-10(c)所示。

(3)判断可见性。因为 SAB 棱面位于三棱锥的右侧，侧面投影不可见，所以 k'' 不可见，应标记为 (k'')。

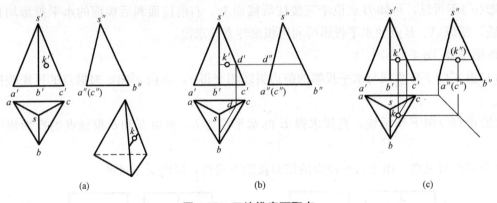

(a)　　　　　　　　　　(b)　　　　　　　　　　(c)

图 4-10　三棱锥表面取点

任务二　曲面体及表面上点的投影

曲面体是指其表面均由曲面或由曲面和平面组成的立体。

常见的曲面体有圆柱、圆锥、圆球和圆环。它们的曲表面可以看作是由一条动线绕某固定轴线旋转而形成的，这种形体又称为回转体。动线称为母线，母线在旋转过程中的每一个具体位置称为曲面的素线。因此，可认为曲面上存在着许多素线。

当母线为直线，围绕与它平行的轴线旋转而形成的曲面是圆柱面，如图 4-11(a)所示。

当母线为直线，围绕与它相交的轴线旋转而形成的曲面是圆锥面，如图 4-11(b)所示。

当母线为一圆，围绕其直径旋转而形成的曲面是球面，如图 4-11(c)所示。

当母线为一圆，围绕与圆在同一平面内，但不通过圆心的轴线旋转而形成的曲面是环面，如图 4-11(d)所示。

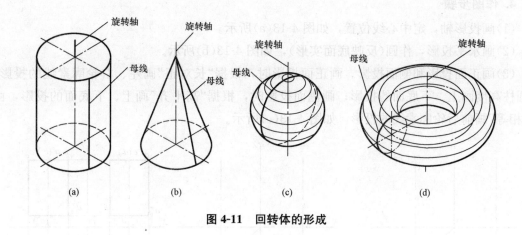

图 4-11　回转体的形成

了解曲面的形成，对作曲面体的三面投影是有帮助的。

一、曲面体投影

(一)圆柱

【例 4-7】　绘制圆柱的三面投影图。

1. 形体分析

圆柱的上下两个底面为直径相等而且相互平行的
两个圆，轴线与底面垂直。

2. 投影位置

使圆柱的轴线与水平面垂直，如图 4-12 所示。

3. 投影分析

(1)水平投影。上、下两个底面的水平投影反映实
形并且重影，圆柱面垂直于水平面，其水平投影积聚
在圆周上。

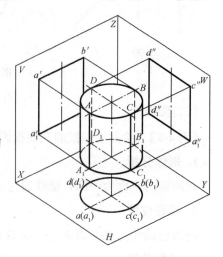

图 4-12　圆柱三面投影的形成

(2)正面投影。圆柱的正面投影为一个矩形，矩形上、下两条边线是圆柱上、下两个底
面的正面投影，有积聚性。矩形的左右两条边线 $a'a_1'$ 和 $b'b_1'$ 是圆柱面最左和最右的两条素
线 AA_1 和 BB_1 的正面投影，这两条素线从正面投影方向看，是圆柱面的可见与不可见部分
的分界线，称为正面投影方向的轮廓素线。

(3)侧面投影。与正面投影完全一样，也是一个矩形。但是矩形的两边线 $c''c_1''$ 和 $d''d_1''$ 是
圆柱面最前和最后的两条素线 CC_1 和 DD_1 的侧面投影。

【特别提示】　正面投影和侧面投影的矩形所表示圆柱表面的部分是不相同的，正面投
影表示圆柱的前半个表面，后半个表面不可见与其重影；侧面投影表示圆柱面的左半个表
面，右半个表面不可见与其重影。圆柱面的轮廓线是对某一投影方向而言的，因此只画一
个投影，其余投影不应画出。

4. 作图步骤

(1)画投影轴，定中心线位置，如图 4-13(a)所示。

(2)画水平投影，作圆(反映底面实形)，如图 4-13(b)所示。

(3)画正面投影和侧面投影。画正面投影时，根据"长对正"画左、右轮廓素线的投影，按圆柱高度画上、下底面的投影；画侧面投影时，根据"高平齐"画上、下底面的投影，由"宽相等"画前后轮廓素线的投影，如图 4-13(c)所示。

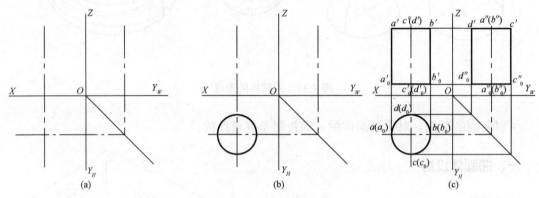

图 4-13　作圆柱的投影

(二)圆锥

【例 4-8】　绘制正圆锥的三面投影图。

1. 形体分析

正圆锥的底面为一圆，轴线通过底面圆心并垂直于底面。

2. 投影位置

使圆锥轴线与水平面垂直，如图 4-14 所示。

3. 投影分析

(1)水平投影。圆锥的水平投影为一个圆。这个圆反映底面实形，也是圆锥面的水平投影，圆锥顶点的水平投影位于该圆的圆心。圆锥面是可见的，底面不可见。

(2)正面投影和侧面投影。圆锥的正面投影和侧面投影都是等腰三角形，而且全等。三角形的底边是圆锥底面的积聚性投影，其两腰则是表示不同位置的轮廓素线的投影。正面投影中 $s'a'$ 和 $s'b'$ 是圆锥面上最左和最右两条轮廓素线 SA 和 SB 的投影。侧面投影中 $s''c''$ 和 $s''d''$ 是圆锥面上最前和最后两条轮廓素线 SC 和 SD 的侧面投影。

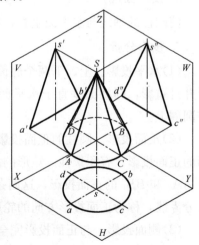

图 4-14　圆锥三面投影的形成

4. 作图步骤

画圆锥三面投影与画圆柱三面投影的步骤相同，如图 4-15 所示。

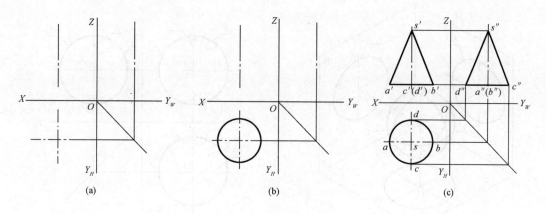

图 4-15　作圆锥的投影

(三)圆台

圆台可看作是圆锥被与底面平行的平面截去锥顶后所得到的。如图 4-16 所示,圆台的水平投影是两个同心圆,正面投影和侧面投影均为梯形。

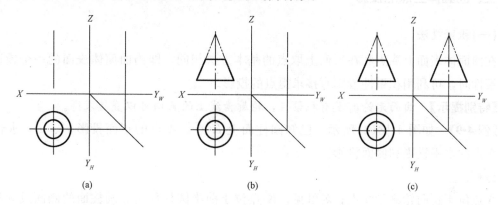

图 4-16　圆台三面投影的画法

(四)圆球

圆球的三个投影都是与圆球直径相等的圆。这三个圆分别是圆球面上三个不同方向的轮廓素线圆的投影。如图 4-17(a)所示,水平投影圆 a 是球面上平行于水平面的轮廓素线圆 A 的投影,它是上半球面(水平投影可见)与下半球面(水平投影不可见)的分界线。圆 A 的正面投影 a' 和侧面投影 a'' 都与球的水平中心线重合(不需要画出);正面投影圆 b' 是球面上平行于正面的轮廓素线圆 B 的投影,它是前半球面(正面投影可见)和后半球面(正面投影不可见)的分界线,侧面投影圆 c'' 是球面上平行于侧面的轮廓素线圆 C 的投影,它是左半球面(侧面投影可见)与右半球面(侧面投影不可以)的分界线。

画圆球的投影图时,先画圆球的中心线,确定球心的投影;再画三个与圆球等直径的圆,如图 4-17(b)所示。

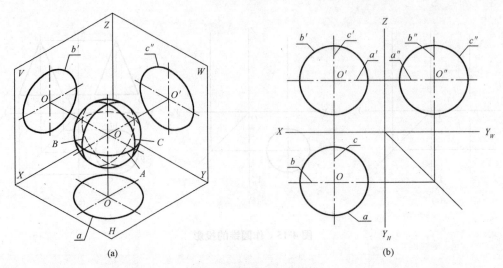

图 4-17 圆球的三面投影

二、曲面体上点的投影

(一)积聚性法

在曲面体表面上取点和在平面上取点的基本方法相同，即当曲面体表面的一个投影具有积聚性时，可利用积聚性投影直接求得点的投影。

【特别提示】 曲面无论有没有积聚性，轮廓素线上的点均可以直接求得。

【例 4-9】 如图 4-18(a)所示，已知圆柱面上 K 点、A 点的正面投影 k'、a'，求作 K 点、A 点的水平投影和侧面投影。

分析：

A 点位于正向轮廓素线上；k' 可见，K 点位于前半圆柱面上。圆柱面的侧面投影积聚为一圆，因此，K、A 两点的侧面投影 k''、a'' 必在该圆周上，可以直接求得。

作图步骤[图 4-18(b)]：

(1)先求积聚投影圆上的 k''、a''。由 k'、a' 向 Z 轴作垂线，与侧面投影前半圆周的交点即为 k''、a''。

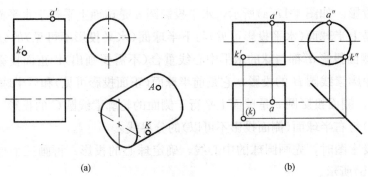

图 4-18 圆柱体表面取点

(2)由 k' 及 k''、a' 及 a''，求出 k 和 a。K 点位于圆柱下半部，所以 k 不可见，加括号。

(二)辅助直线法

当曲面各投影都没有积聚性，但曲面上有直素线，仍可用辅助直线法。

【例 4-10】　如图 4-19(a)所示，已知圆锥面上 A 点的正面投影 a'，求 A 点的水平投影和侧面投影。

分析：

A 点在圆锥面上，圆锥面的各投影无积聚性，但圆锥面上的素线是直线，可利用素线作辅助直线。

作图步骤：

如图 4-19(a)所示，连接 SA 并延长交底面圆周于 M，SM 即为过点 A 的素线。如图 4-19(b)所示，M 点在底面圆上，根据投影规律由 m' 直接求出 m、m''，再连接 sm 和 $s''m''$，即得辅助素线的水平投影和侧面投影。根据直线上点的从属性可以求出 a 及 a''，A 点位于圆锥面的右侧，a'' 不可见，加括号。

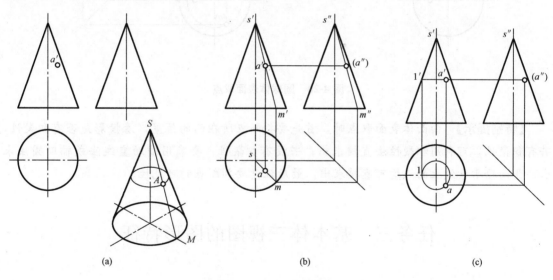

图 4-19　圆锥体表面取点

(三)辅助圆法

当曲面各投影都没有积聚性时，还可采用辅助圆法。

圆锥面是轴线为铅垂线的回转面，该回转面上可作出一系列水平圆作辅助线，因此，还可用辅助圆法求解，如图 4-19(c)所示。

【例 4-11】　如图 4-20(a)所示，已知球面上 A 点的正面投影 a' 及 B 点的水平投影 b，求 a、a'' 及 b'、b''。

分析：

A 点在圆球面的非轮廓素线上，应该用辅助圆法。在圆球面上取点只能采用平行于投影面的圆作辅助线。B 点在圆球面的正向轮廓素线上，可直接求得。

作图步骤[图 4-20(b)]：

(1)求 a 及 a''。过 a' 作一水平线，两侧交正向轮廓素线，长度即为辅助圆的直径。在俯视图上画一水平圆即为辅助圆的水平投影，辅助圆的侧面投影也是一条水平线。根据点的从属性可求出 a 及 a''，A 点在下半球，所以水平投影 a 不可见，加括号。

(2)求 b' 及 b''。正向轮廓素线是前后半球的分界线，B 点的正面投影及侧面投影均在其相应投影上，由 b 根据投影规律可求出 b' 及 b''，B 点在右半球，所以侧面投影 b'' 不可见，加括号。

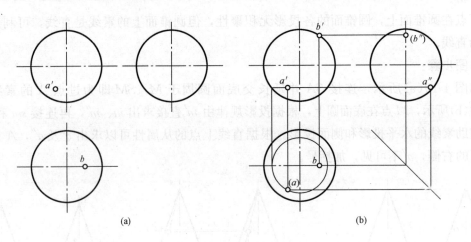

(a)   (b)

图 4-20　圆球体表面取点

【特别提示】　曲面体表面取点时，首先要判断点所在面的位置，看投影是否有积聚性，若有积聚性，可利用积聚性法直接求出；若没有积聚性，要采用辅助直线法或辅助圆法求出；曲面轮廓素线上的点均可直接求出。最后注意要判断点的可见性。

任务三　基本体三视图的图形特征

一、柱体

由棱柱和圆柱的投影特性可知，柱体的投影特性为"矩矩为柱"。

在三个投影中，其中有两个投影的外形轮廓为矩形，则可断定该形体为柱体。至于是何种柱体，则可以结合第三投影来判定，如图 4-21 所示。

二、锥体

由棱锥和圆锥的投影特性可知，锥体的投影特性为"三三为锥"。

在三个投影中，其中有两个投影的外形轮廓为三角形，则可断定该形体为锥体。至于是何种锥体，则可以结合第三投影来判定，如图 4-22 所示。

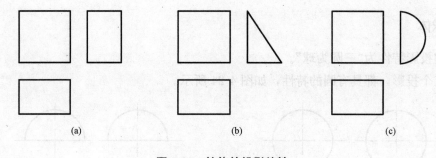

图 4-21　柱体的投影特性

（a）四棱柱；（b）三棱柱；（c）半圆柱

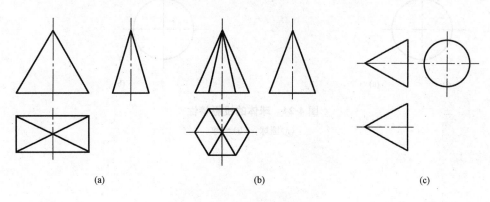

图 4-22　锥体的投影特性

（a）四棱锥；（b）正六棱锥；（c）圆锥

三、台体

由棱台和圆台的投影特性可知，台体的投影特性为"梯梯为台"。

在三个投影中，其中有两个投影的外形轮廓为梯形，则可断定该形体为台体。至于是何种台体，则可以结合第三投影来判定，如图 4-23 所示。

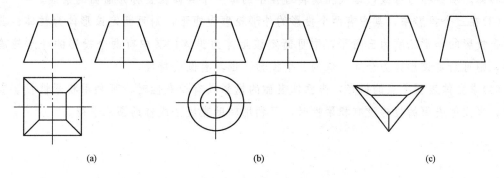

图 4-23　台体的投影特性

（a）四棱台；（b）圆台；（c）三棱台

四、球体

球体的投影特性为"三圆为球"。

球的三个投影，都具有圆的特性，如图 4-24 所示。

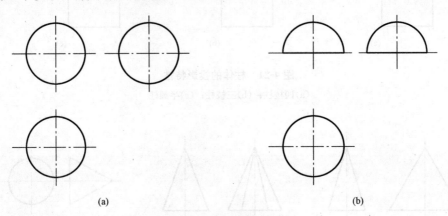

(a)   (b)

图 4-24　球体的投影特性

(a)圆球；(b)半球

小　结

本项目主要介绍了基本体的投影特性，通过学习，要求掌握如下内容：

(1)平面体是指其表面均由平面所组成的立体。平面体的表面称为棱面，平面体上相邻表面的交线称为棱线。平面体又可分为棱柱、棱锥和棱台。

(2)曲面体是指表面均由曲面或由曲面与平面所组成的几何体。常见的曲面体有圆柱、圆锥、圆球等，它们的曲表面是由一条动线绕固定轴线旋转而形成的，所以这种形体也称为回转体。动线称为母线，母线在旋转过程中的每一个具体位置称为曲面的素线。

(3)在三个投影中，其中有两个投影的外形轮廓为矩形，则可断定该形体为柱体；其中有两个投影的外形轮廓为三角形，则可断定该形体为锥体；其中有两个投影的外形轮廓为梯形，则可断定该形体为台体；球的三个投影，都具有圆的特性。

(4)求立体表面上点的投影，当立体表面的投影具有积聚性时，可利用积聚性投影直接求得；当立体表面的投影没有积聚性时，可利用辅助直线法或辅助圆法求得。

项目五　轴测图

学习目标

　　了解轴测图的形成、分类、基本特征；熟悉轴测轴、轴间角、轴向变化率的概念；掌握正等测图和斜二测图的画法。

　　用正投影法画出物体的几个视图并标注尺寸，能够完整、准确地表达物体的形状和大小，作图简便，符合工程图样的要求。但视图缺乏明显的主体形象，需有一定的读图能力才能看懂。图 5-1(a)所示为混凝土涵管枕基的三视图，由于它是用三视图来表达物体，不如图 5-1(b)所示的轴测图那样使人对物体一目了然。

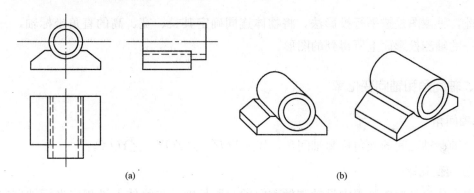

(a)　　　　　　　　　　　　　　　　(b)

图 5-1　混凝土涵管枕基

(a)三视图；(b)轴测图

　　轴测图虽然具有较强的立体感，但物体的形状发生变形，而且作图比较复杂。因此，在生产和学习中一般只作为一种辅助图样。

任务一　轴测投影基本知识

一、轴测图的形成

　　物体的轴测图，能够反映物体三个方向的表面形状而富有立体感。如图 5-2(a)所示，将物体引入空间直角坐标系，使立方体的一个顶点与坐标系的原点 O_1 重合，物体长、宽、高三个方向的棱线分别与 O_1X_1、O_1Y_1、O_1Z_1 轴重合。这时，将立方体连同其三个坐标轴

O_1X_1、O_1Y_1、O_1Z_1 一起投影到投影面 P 上（投影方向 S 与三个坐标轴的方向都不一致），得到物体及三个坐标轴的投影，如图 5-2(b)所示。其中，投影面 P 称为轴测投影面，空间坐标轴 O_1X_1、O_1Y_1、O_1Z_1 的投影 OX、OY、OZ 称为轴测轴，物体在轴测投影面上的投影称为轴测图。

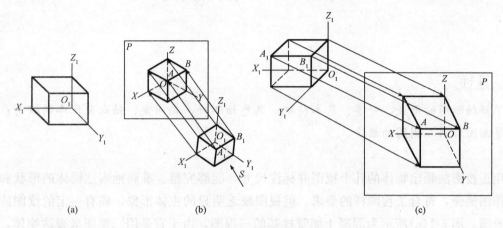

图 5-2　轴测图的形成

因此，轴测图是按平行投影法，将物体连同确定其长、宽、高的直角坐标轴，一起投影到单一的轴测投影面上所得到的图形。

二、轴间角和轴向变化率

1. 轴间角

三个轴测轴之间的夹角称为轴间角，如 $\angle XOZ$、$\angle ZOY$、$\angle YOX$。

2. 轴向变化率

轴向变化率是指轴测图中沿轴测轴方向的线段长度，与物体上沿相应坐标轴方向同一线段长度之比。OX、OY、OZ 的轴向变化率分别用 p、q、r 表示，即 $p=OX/O_1X_1$，$q=OY/O_1Y_1$，$r=OZ/O_1Z_1$。

三、轴测图的分类

由于投影方向 S、物体和投影面 P 三者之间的相对位置不同，轴测图可以分为以下两类。

1. 正轴测图

正轴测图是指物体上三个坐标轴都倾斜于轴测投影面，按正投影法投影（S 垂直于 P）所得到的轴测图，如图 5-2(b)所示。

2. 斜轴测图

斜轴测图是指物体上两个坐标轴平行于轴测投影面（$O_1X_1 /\!/ P$，$O_1Z_1 /\!/ P$），按斜投影法投影（S 倾斜于 P）所得到的轴测图，如图 5-2(c)所示。

正轴测图和斜轴测图根据轴间角和轴向变化率的不同又可分为若干种，如正等测图、正二测图、斜等测图、斜二测图等，工程上常用的轴测图为正等测图和斜二测图。

四、轴测图的基本特征

1. 平行性

由于轴测图采用的是平行投影法，所以在物体上互相平行的线段，在轴测图上仍然互相平行；物体上平行于坐标轴的线段，在轴测图上平行于轴测轴。

2. 轴测性

与轴测轴相互平行的线段，具有相同的轴向变化率。因此，在画轴测图时，只有平行于轴测轴的线段，才能按其相应的轴向变化率直接测量尺寸；凡是不平行于轴测轴的线段都不能直接测量尺寸。沿轴才能进行测量，这就是"轴测"两字的含义。

3. 真实性

物体上平行于轴测投影面的直线和平面，在轴测图上反映实长和实形。

【特别提示】 必须熟练掌握轴测图的分类、基本参数及特性，才能为合理选择及正确绘制轴测图打好基础。

任务二　正等测图

一、正等测图的轴间角和轴向变化率

正等测图是三个坐标轴与轴测投影面成相同的倾斜角度，用正投影法得到的图形。正等测图的三个轴间角相等，$\angle XOY = \angle YOZ = \angle ZOX = 120°$，三个轴向变化率也相等，$p = q = r \approx 0.82$，如图 5-3(a)所示。

画正等测图时，将 OZ 轴画成铅垂方向，OX 轴和 OY 轴可用 30°三角板画出，如图 5-3(b)所示。为了便于作图，通常取轴向变化率 $p = q = r = 1$（即简化率），用 1：1 来量取与各轴测轴平行的线段，这样画出的轴测图比按轴向变化率为 0.82 时画出的轴测图大 1.22 倍，但不影响图形本身的形状及物体各部分的相对位置，如图 5-3(c)所示。

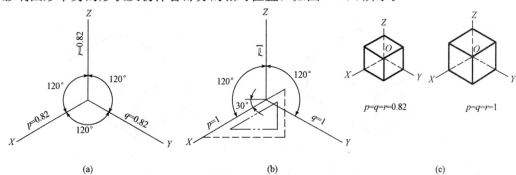

图 5-3　正等测图的轴测轴、轴间角、轴向变化率

二、平面体的正等测图

画轴测图时，需要根据物体的形状特征选择其作图方法。

(一)坐标法

坐标法是画轴测图的基本方法。它是根据物体上各点的坐标值，沿轴向度量，画出各点的轴测投影，然后连接成物体的轴测图。

【例 5-1】 作出图 5-4 所示长方体的正等测图。

分析：

长方体各表面都平行于相应的坐标面，各轮廓线都平行于相应的坐标轴，可采用坐标法，先定出长方体 8 个顶点的位置，然后分别连接，即为长方体轴测图。

作图步骤：

(1)为了作图方便，首先选定坐标轴 O_1X_1、O_1Y_1、O_1Z_1，如图 5-4(a)所示。

(2)画出轴测轴，用简化率(即 $p=q=r=1$)在 OX 轴上取长，在 OY 轴上取宽，引 OX 和 OY 轴的平行线，画出底面轴测图，如图 5-4(b)所示。

(3)由底面四点引平行于 OZ 轴的直线，在各线上取高，即得长方体顶面上的四个点。连接顶面上四个点，画长方体的所有轮廓线，如图 5-4(c)所示。

(4)擦去作图线及不可见轮廓线，加深可见轮廓线，完成作图，如图 5-4(d)所示。

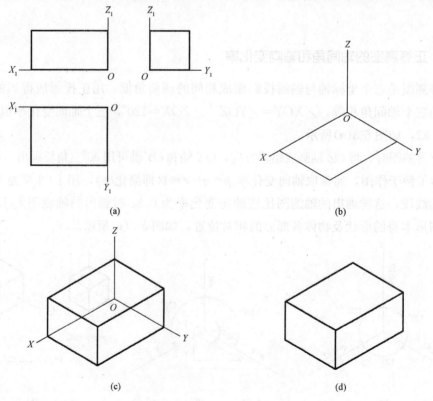

(a)　　　　　　　　　　　　　(b)

(c)　　　　　　　　　　　　　(d)

图 5-4　长方体正等测图画法

【特别提示】 绘制轴测图时，不可见轮廓线一般省略不画。

（二）特征面法

当物体的某一表面反映该物体的特征面时，通常先画该特征面的轴测图，然后画出平行于轴测轴的可见棱线，最后连成另一底面，即完成轴测图。该方法适用于柱体。

【例5-2】 作出图5-5(a)所示跌水坎的正等测图。

分析：

主视图反映跌水坎的形状特征，俯视图表明跌水坎前后等宽，是棱柱体。因而可采用特征面法作图，先画特征面，后引宽度方向的棱线完成作图。

作图步骤：

(1)设其坐标轴 O_1X_1、O_1Y_1、O_1Z_1，如图5-5(a)所示。

(2)根据主视图画出特征面的轴测图，如图5-5(b)所示。斜线Ⅰ、Ⅱ的长度不能直接测量，应作出Ⅰ、Ⅱ两点的轴测图，然后连线。

(3)由特征面各顶点引平行于 OY 轴的平行线，并在这些平行线上取宽度尺寸，得等宽各点，如图5-5(c)所示。

(4)连接等宽各点，加深轮廓线，完成作图，如图5-5(d)所示。

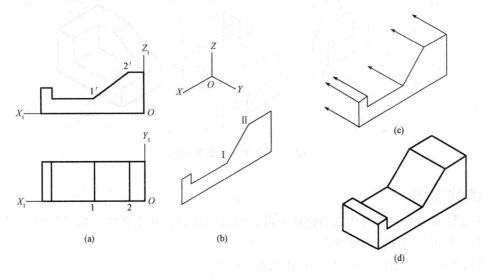

图5-5 跌水坎的正等测图画法

【特别提示】 也可以将后表面作为特征面，这时由特征面各顶点向前作 OY 轴平行线截取宽度尺寸即可。

（三）叠加法

对于由若干个基本体叠加而形成的物体，在明确各基本体相对位置的前提下，将各个基本体逐个画出，即可完成轴测图。画图顺序一般是先大后小，先下后上，先后再前。

【例5-3】 作出图5-6(a)所示物体的正等测图。

分析：

此物体是叠加式物体，它由三个基本体组成，基本体Ⅰ和Ⅱ是长方体，基本体Ⅲ是梯形柱，可按顺序分别作出三个基本体并把它们叠加起来。

作图步骤：

(1)作长方体Ⅰ的轴测图，如图5-6(b)所示。

(2)作长方体Ⅱ的轴测图，如图5-6(c)所示。注意画长方体Ⅱ时应以长方体Ⅰ为基准，定位点 M 应沿轴向测量。

(3)作梯形柱Ⅲ的轴测图，如图5-6(d)所示。梯形柱Ⅲ位于长方体Ⅱ的左侧、长方体Ⅰ的后上方，同样量取尺寸要沿轴测轴方向，如确定 D 点可由 E 点向左量取 ED 得到。

(4)擦去作图线，加深可见轮廓线，完成作图，如图5-6(e)所示。

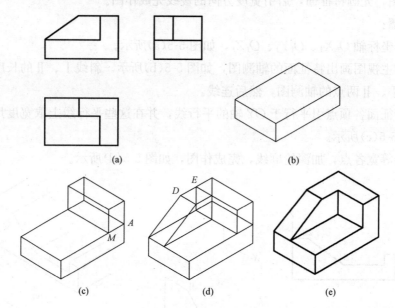

图5-6　叠加法画正等测图

(四)切割法

对于由基本体切割而形成的物体，可先画出切割前的基本形体，然后按顺序切去多余的部分，即可得到物体的轴测图

【例5-4】 作出图5-7(a)所示物体的正等测图。

分析：

这是一个切割型物体。原形是一个长方体，左上角被正垂面截切，左前方被一个正平面和一个侧平面切去一个缺口，右边被两个正平面和一个侧平面切去一个方槽。作轴测图时，可先画出长方体，然后按顺序切去各部分。

作图步骤：

(1)如图5-7(b)所示，画出长方体原形。

(2)如图5-7(c)所示，用正垂面切去左上角。

(3)如图5-7(d)所示，切去左前方的缺口，注意沿轴测轴方向量取尺寸。

(4)如图5-7(e)所示，切去右边的方槽。

(5)擦去作图线，加深可见轮廓线，完成作图，如图5-7(f)所示。

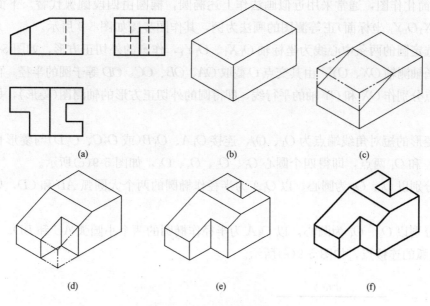

(a)   (b)   (c)

(d)   (e)   (f)

图 5-7 切割法画正等测图

三、平行于坐标面的圆和圆角的正等测图

(一)圆的画法

如图 5-8(a)所示,立方体上分别平行于三个坐标面的正方形表面,它们的正等测图都是菱形,它们的内切圆的正等测图都是椭圆。三个椭圆的形状、大小及画法是相同的,但三个椭圆的长、短轴方向却不相同。椭圆的长轴方向是菱形的长对角线,与它所在坐标面外的另一条轴测轴垂直。如图 5-8(b)所示,椭圆 I 的长轴垂直于 OZ 轴;椭圆 II 的长轴垂直于 OY 轴;椭圆 III 的长轴垂直于 OX 轴。椭圆的短轴位于菱形的短对角线上,它与长轴互相垂直平分。

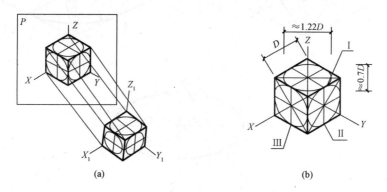

(a)   (b)

图 5-8 平行于坐标面圆的正等测图

三个椭圆的长、短轴的长度,如按简化率作图时,长轴约为圆直径 D 的 1.22 倍,短轴约为圆直径 D 的 0.7 倍。

为了简化作图，通常采用近似画法作上述椭圆，椭圆由四段圆弧代替。下面以水平圆（平行于 $X_1O_1Y_1$ 坐标面）正等测图的画法为例，其作图步骤如图 5-9 所示。

(1)选定圆的两条中心线为坐标轴 O_1X_1、O_1Y_1，作圆的外切正方形，如图 5-9(a)所示。

(2)画轴测轴 OX、OY，由其交点 O 截取 OA、OB、OC、OD 等于圆的半径。再过 A、B、C、D 四点分别作 OX 和 OY 轴的平行线，即得圆的外切正方形的轴测图（菱形），如图 5-9(b)所示。

(3)菱形的短对角线端点为 O_1、O_2，连接 O_1A、O_1B（或 O_2C、O_2D）与菱形长对角线分别交于 O_3 和 O_4 两点，即得四个圆心 O_1、O_2、O_3、O_4，如图 5-9(c)所示。

(4)分别以 O_1、O_2 为圆心，以 O_1A 为半径作椭圆的两个大圆弧 AB 和 CD，如图 5-9(d)所示。

(5)分别以 O_3、O_4 为圆心，以 O_3A 为半径作椭圆的两个小圆弧 AC 和 BD。A、B、C、D 为各圆弧的连接点，如图 5-9(e)所示。

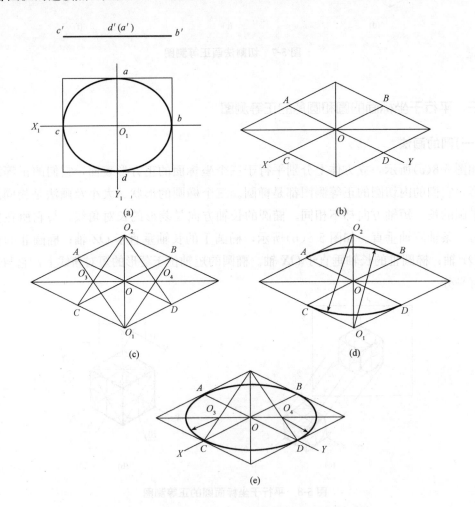

图 5-9　平行于 $X_1O_1Y_1$ 坐标面的圆的正等测图画法

(二)圆角的画法

圆角是四分之一圆,所以它的正等测图为四分之一椭圆。画四分之一椭圆亦可采用四圆心法,将椭圆沿轴测轴方向拆开分成四个部分,每一部分即为一个圆角,四段圆弧的圆心均在外切菱形相邻两边的中垂线交点上。

圆角的作图方法如图 5-10 所示,先画出圆角所在的长方形平面的正等测图,然后分别在角顶点两边截取圆角半径长度(如 $AB=AC=R$),得圆弧的两个切点(如 B、C 两点),再过两个切点作所在边的垂直线,其交点即为圆心(如 O_1、O_2、O_3、O_4),最后以 R_1 和 R_2 为半径分别作四段圆弧即得四个圆角。下底面上的四个圆角,可将圆心和切点沿 OZ 轴方向向下引伸底板高度,即可画出,如图 5-10(c)所示。

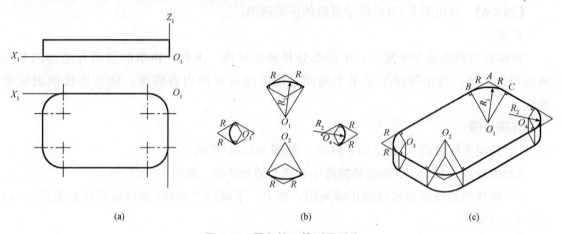

(a)   (b)   (c)

图 5-10　圆角的正等测图画法

四、曲面体的正等测图

【**例 5-5**】　作出图 5-11(a)所示圆柱的正等测图。

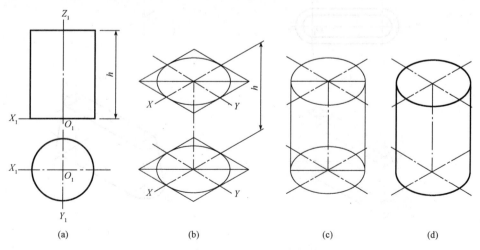

(a)   (b)   (c)   (d)

图 5-11　圆柱正等测图画法

分析：

由于圆柱的轴线垂直于水平面，所以圆柱的上、下底面平行于 $X_1O_1Y_1$ 坐标面。

作图步骤：

(1)选定坐标轴 O_1X_1、O_1Y_1、O_1Z_1，如图 5-11(a)所示。

(2)画出轴测轴，用四圆心法作上、下两底面椭圆，如图 5-11(b)所示。画下底面椭圆时，可将上底面的圆心及切点平行于 Z 轴直接向下移圆柱高 h 后作出。

(3)作平行于轴线的两椭圆公切线，如图 5-11(c)所示。

(4)擦去作图线及不可见轮廓线，加深可见轮廓线，完成作图，如图 5-11(d)所示。

【特别提示】 画圆柱轴测图时，不要忘记在两个底面圆外侧作公切线。

【例 5-6】 作出图 5-12(a)所示桥墩的正等测图。

分析：

桥墩左右两端是半个圆台，中间部分是梯形柱体。因此，桥墩的顶面和底面的左右两端均为半圆，其正等测图是半个椭圆。作图时应先画出各椭圆，然后连接曲面轮廓素线。

作图步骤：

(1)选定坐标轴 O_1X_1、O_1Y_1、O_1Z_1，如图 5-12(a)所示。

(2)画轴测轴和上、下底面各椭圆中心线及圆台轴线，如图 5-12(b)所示。

(3)画桥墩的顶面和底面的正等测图，作上、下椭圆公切线(圆台曲面轮廓素线)，如图 5-12(c)所示。

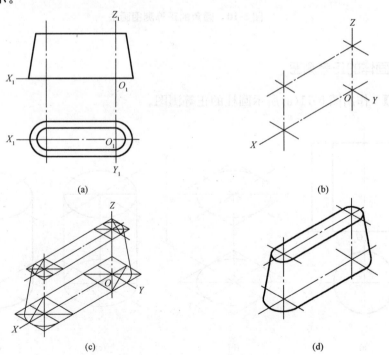

图 5-12 桥墩正等测图的画法

(4)擦去作图线及不可见轮廓线，加深可见轮廓线，完成作图，如图 5-12(d)所示。

【例 5-7】 作出图 5-13(a)所示支架的正等测图。

分析：

支架底部为长方体底板，四角均为圆角，铅垂方向两个圆柱孔左右对称分布；上部为长方体，中间有半圆形槽口。

作图步骤：

(1)作支架外形轮廓(上、下两个长方体)的正等测图，如图 5-13(b)所示。

(2)作底板上可见圆角的正等测图，如图 5-13(c)所示。

(3)作底板上可见圆柱孔的正等测图，如图 5-13(d)所示。

(4)作半圆形槽口的正等测图，如图 5-13(e)所示。

(5)擦去作图线，加深可见轮廓线，完成作图，如图 5-13(f)所示。

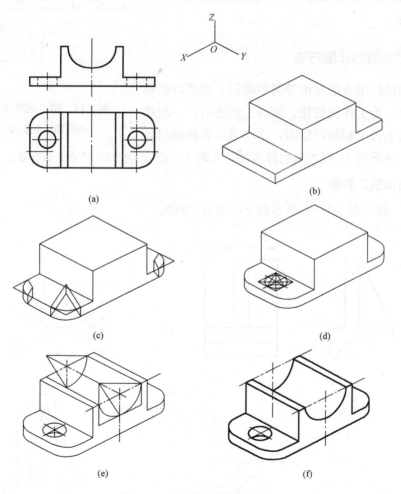

图 5-13　支架的正等测图画法

任务三　斜二测图

一、斜二测图的轴间角和轴向变化率

斜二测图是将物体上的 $X_1O_1Z_1$ 坐标面放置成与轴测投影面平行，用斜投影法得到的。因此，斜二测图的 OX 轴与 OZ 轴的轴间角仍为 $90°$，轴向变化率 $p=r=1$。OY 轴的方向和轴向变化率则由斜投影方向确定，通常取 OY 轴与 OZ 轴的轴间角为 $135°$，轴向变化率 $q=0.5$，如图5-14所示。

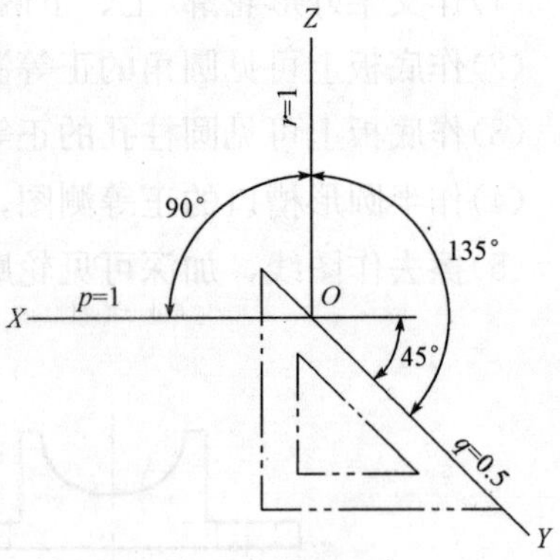

二、斜二测图的作图方法

斜二测图的作图方法与正等测图相同，都是以坐标法为基本方法。为了作图简便，画斜二测图时，一般将物体的特征面平行于轴测投影面，这样可以直接画出特

图 5-14　斜二测图的轴测轴、轴间角、轴向变化率

征面的实形，然后沿 $45°$ 线方向引伸宽度，并取 $1/2$ 的 Y 轴方向尺寸完成作图。

（一）平面体斜二测图

【例 5-8】　作出图 5-15(a)所示挡土墙的斜二测图。

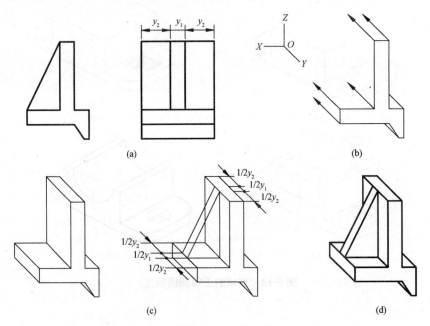

(a)　　　　(b)

(c)　　　　(d)

图 5-15　挡土墙的斜二测图画法

分析：

主视图反映挡土墙特征面的真实形状，左视图反映三角块的相对位置。作图时可用特征面法，画出特征面后引伸宽度，截取三角块的定位尺寸和宽度，作出三角块。

作图步骤：

（1）根据主视图作挡土墙特征面的实形，由特征面各顶点引伸45°斜线（平行于OY轴），如图5-15(b)所示。

（2）在斜线上取y_1和y_2的1/2宽度，作三角块的斜二测图，如图5-15(c)所示。

（3）加深可见轮廓线，完成作图，如图5-15(d)所示。

(二)曲面体斜二测图

圆的斜二测图如图5-16所示。平行于坐标面$X_1O_1Z_1$的圆，其斜二测图仍然是直径为D的圆。平行于$X_1O_1Y_1$或$Z_1O_1Y_1$坐标面的圆，其斜二测图为椭圆，椭圆的长轴方向分别与OX轴或OZ轴约呈7°，短轴与长轴互相垂直。两个椭圆的长轴约为圆的直径D的1.06倍，短轴约为圆的直径D的0.33倍。

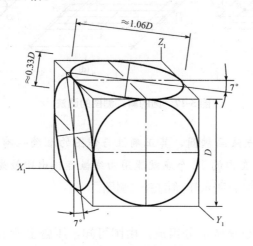

图5-16 圆的斜二测图

椭圆画法可用坐标点法，平行于$X_1O_1Y_1$坐标面的水平圆的斜二测图画法步骤如下：

（1）将圆的直径ac分成若干等份，并过各等分点作平行于bd的直线，如图5-17(a)所示。

（2）根据圆的直径D作平行四边形。作$DB /\!/ OX$、$AC /\!/ OY$，取$DB=D$、$AC=D/2$，如图5-17(b)所示。

（3）与图5-17(a)配合，将AC分为相同等份，并过等分点作平行于OX轴的辅助线，如图5-17(c)所示。

（4）与图5-17(a)配合，在辅助线上截取相应的距离x_1和x_2，得8个辅助点，如图5-17(d)所示。

（5）将8个辅助点及A、B、C、D四点依次用曲线板光滑地连接成椭圆，如图5-17(e)所示。

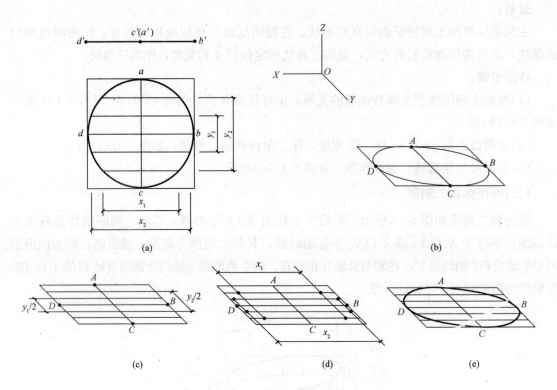

图 5-17 圆的斜二测图的画法

【特别提示】 用坐标点法画椭圆, 其正确性与作图的准确性有关, 一般辅助点不可太少, 取包括 A、B、C、D 在内的 12 个点就能用曲线板连接出比较光滑的椭圆。

【例 5-9】 作出图 5-18(a)所示压盖的斜二测图。

分析:

压盖由腰圆形底板和圆筒两部分组成。由图可知, 压盖上所有的圆都平行于正立面, 因此画斜二测图比较方便, 可采用特征面法, 作图时可将腰圆形底板的前端面看作特征面。

作图步骤:

(1)作腰圆形底板前端面的斜二测图(实形), 如图 5-18(b)所示。

(2)将圆心向后方作 45°推移, 取底板 1/2 宽度, 求得后端面各圆的圆心, 画出底板的斜二测图, 如图 5-18(c)所示。

(3)在特征面上画出圆筒后端面的外圆, 将其圆心向前方作 45°推移, 取圆筒宽度的 1/2, 定出圆筒前端面的圆心位置, 画出圆筒的外圆和圆孔。再将圆心向后方推移 1/2 压盖(注意不是圆筒)宽度, 画出圆孔可见部分的轮廓。最后加深可见轮廓线, 如图 5-18(d)所示。

【特别提示】 斜二测图主要用于表达 1 个方向有圆或圆弧的形体, 当形体在 2 个或 3 个方向有圆或圆弧时, 通常采用正等测图方法绘制。

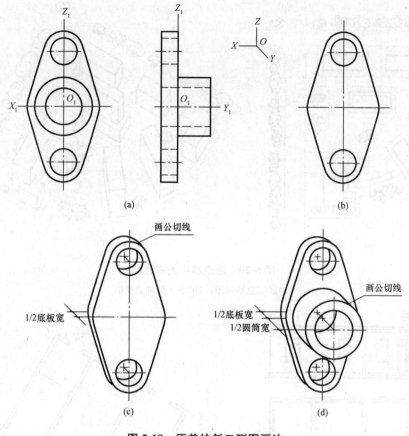

(a)　　　　　　　　　　　　　　(b)

画公切线

1/2底板宽

(c)

画公切线

1/2底板宽
1/2圆筒宽

(d)

图 5-18　压盖的斜二测图画法

三、水平斜轴测图

当轴测投影面与水平面（H 面）平行或重合时，所得到的斜轴测图称为水平斜轴测图。

水平斜轴测图能反映物体上与水平面平行的表面的实形，其轴向变化率 $p=q=1$；轴间角 $\angle XOY=90°$，$\angle XOZ$、$\angle YOZ$ 常随投影方向与水平面倾角的变化而变化，为便于作图，一般取 Z 轴为垂直方向，Y 轴与水平方向夹角为 30°或 60°，$r=1$，如图 5-19 所示。

水平斜轴测图，由于能反映出物体的水平面实形，又便于度量，因此，在工程上常用来表达建筑群体的平面布置情况，如图 5-20 所示，或者适用于绘制建筑物的水平剖面图，如图 5-21 所示。

【特别提示】　水平斜轴测图适用于表达水平面上具有较复杂形状的形体。

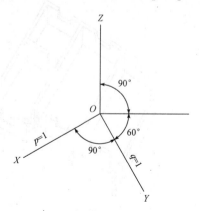

图 5-19　水平斜轴测图的轴间角和轴向变化率

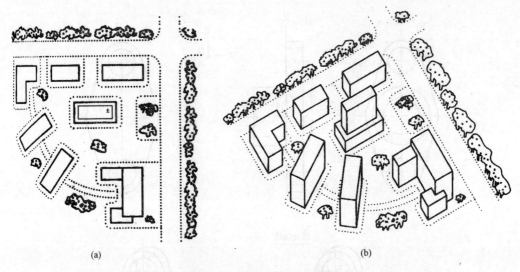

(a)　　　　　　　　　　　　　　(b)

图 5-20　建筑群平面布置图

(a)区域总平面图；(b)水平斜轴测投影

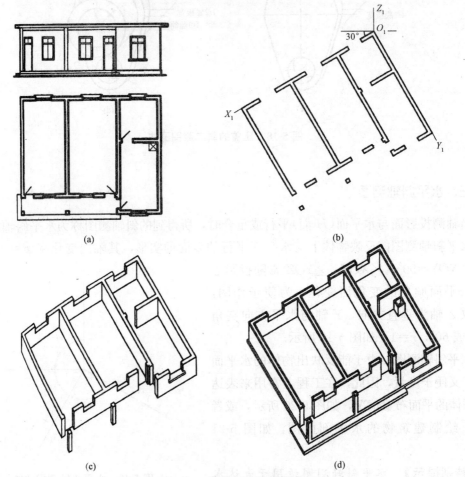

(a)　　　　　　　　　　　　　　(b)

(c)　　　　　　　　　　　　　　(d)

图 5-21　房屋水平斜轴测图

(a)房屋平面图与立面图；(b)平面图的断面旋转 $30°$；

(c)画内外墙角、门、窗、柱子；(d)画台阶、水池完成全图

小 结

本项目主要介绍了轴测图的基本知识和绘制方法，通过学习，要求掌握如下内容：

(1)轴测图的基本参数有轴间角和轴向变化率，轴测图的基本种类有正轴测图和斜轴测图。不同种类的轴测图，其基本参数不同，应注意区分。

(2)正等测图是三个坐标轴与轴测投影面成相同的倾斜角度，用正投影法得到的图形。正等测图的画法有坐标法、特征面法、叠加法和切割法，平行于坐标面的圆的正等测图的画法为四圆心法。

(3)斜二测图是将物体上的 $X_1O_1Z_1$ 坐标面放置成与轴测投影面平行，用斜投影法得到的。画斜二测图时，一般将平面体的特征面、曲面体上圆或圆弧表面放置成平行于轴测投影面的方向进行绘制。

项目六　立体表面交线

学习目标

了解截交线和相贯线的概念；熟悉截交线、相贯线的形状；掌握截交线和相贯线的画法。

在建筑形体的表面上，经常会出现一些交线。这些交线有些是立体被平面截切而产生的，有些则是由两立体相交而形成的。

平面与立体表面的交线称为截交线，用于截切立体的平面称为截平面，截交线所围成的平面图形称为截断面；两立体相交所产生的表面交线称为相贯线，如图 6-1 所示。

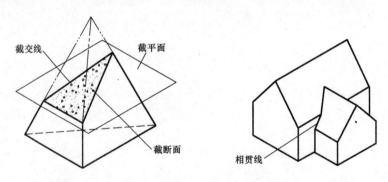

图 6-1　截交线与相贯线的概念

任务一　平面体截交线

由于立体的种类繁多，截平面的位置各异，所以截交线的形状也有所不同。但是，任何截交线一般都具有以下共同特性：

(1)由于立体有一定的范围，所以截交线必定是一个封闭的线框。

(2)截交线是截平面与立体表面的交线，因此，截交线是截平面与立体表面的共有线，截交线上的点是截平面与立体表面的共有点。

所以，求截交线的问题，可归结为求截平面与立体表面的共有点和共有线的问题。

一、平面体截交线的形状

平面体被截平面切割，其截交线一般是平面多边形，多边形的边数可由立体上参与截交的棱面（或底面）的数量决定。每条边即是截平面与棱面（或底面）的交线，每个角点即是截平面与棱线（或底面边线）的交点。

二、平面体截交线的画法

求截交线时，首先求出被截立体上各棱线（或底面边线）与截平面的交点，然后依次连成多边形并判别可见性即可。

【例 6-1】 图 6-2(a)所示为直六棱柱被正垂面截切，求作截交线的投影。

分析：

直六棱柱被正垂面截切，截断了立体上的六条棱线，截交线为六边形，如图 6-2(b)所示。已知截平面为正垂直，截交线的正面投影积聚成一斜直线为已知，侧面投影与直六棱柱左视图六边形重合，水平投影应为类似形。

作图步骤：

(1)首先在侧面投影中标出截交线各顶点 1″、2″、3″、4″、5″、6″，再在正面投影上对应标出(1′)、2′、(3′)、4′、5′、(6′)，然后根据投影规律，求出截交线上各顶点的水平投影 1、2、3、4、5、6，如图 6-2(c)所示。

(2)依次连接 1、2、3、4、5、6 点，即得截交线水平投影。擦去被切掉的线条，加深完成作图，如图 6-2(d)所示。

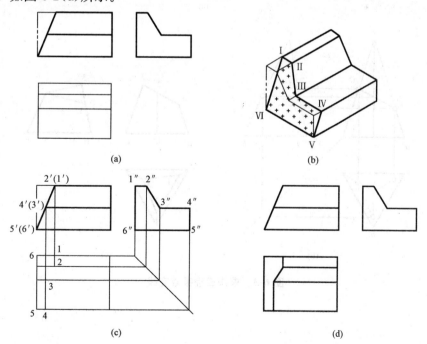

图 6-2　求作六棱柱截交线

【例 6-2】 如图 6-3(a)所示，三棱锥被正垂面截切，求作截交线的投影。

分析：

三棱锥的三个棱面均被截切，其截交线为三角形。可求出三条棱线与截平面的交点Ⅰ、Ⅱ、Ⅲ，连接三个交点，即得截交线。已知截平面为正垂直，截交线的正面投影与其重合，积聚成一条斜线，因此，只需求出截交线的水平投影和侧面投影并判别可见性即可。

作图步骤：

(1)利用积聚性在正面投影中确定 1′、2′、3′，并在棱线另两投影上根据投影规律求出 1、2、3 和 1″、2″、3″，如图 6-3(b)所示。

(2)依次连接 1、2、3 和 1″、2″、3″，得截交线的水平投影和侧面投影。擦去被切掉的线条，加深完成作图，如图 6-3(c)所示。

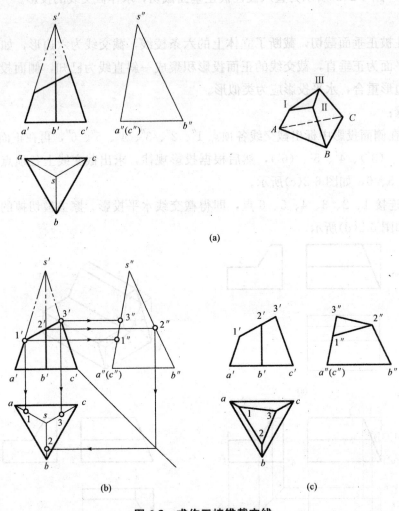

图 6-3　求作三棱锥截交线

任务二　曲面体截交线

一、曲面体截交线的形状

(一)圆柱

平面与圆柱相交,由于截平面与圆柱轴线的相对位置不同,其截交线的形状可分为三种,见表 6-1。

表 6-1　平面和圆柱相交的三种情况

截平面位置	平行于轴线	垂直于轴线	倾斜于轴线
截交线形状	矩形	圆	椭圆
投影情况	两平行直线		椭圆

(1)当截平面平行于圆柱轴线时,截交线的形状是矩形。

(2)当截平面垂直于圆柱轴线时,截交线的形状是圆。

(3)当截平面倾斜于圆柱轴线时,截交线的形状是椭圆。

(二)圆锥

平面与圆锥相交,由于截平面与圆锥轴线的相对位置不同,其截交线的形状也不一样,通常可分为以下五种情况,见表 6-2。

(1)当截平面通过圆锥顶点时,截交线的形状是三角形。

(2)当截平面垂直于圆锥轴线时,截交线的形状是圆。

(3)当截平面倾斜于轴线并与所有素线相交时($\alpha < \theta$),截交线的形状是椭圆。

(4)当截平面倾斜于轴线并与一条素线平行时($\alpha = \theta$),截交线的形状是抛物线。

(5)当截平面平行于任两条素线时($\alpha > \theta$),截交线的形状是双曲线。

表 6-2 平面和圆锥相交的五种情况

截平面位置	过锥顶	垂直于轴线	与所有素线相交 α<β	与一条素线平行 α=β	与两条素线平行 α>β
截交线形状	 三角形+直线段	 圆	 椭圆	 抛物线+直线段	 双曲线+直线段
投影情况	 过锥顶直线段	 R R	 椭圆	 抛物线	 双曲线

(三)圆球

平面与圆球相交，在任何情况下其截交线都是一个圆。当截平面通过球心时，此圆为最大，其直径等于球的直径。截平面离球心越远，则圆也越小(截平面离球心距离应小于圆球半径)。图 6-4 所示为截平面为水平面时截交线的投影情况。

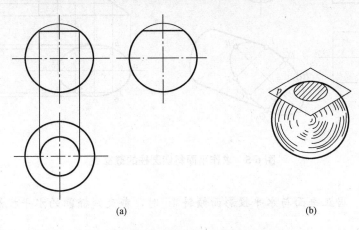

(a)   (b)

图 6-4　圆球被水平面截切

二、曲面体截交线的画法

根据曲面体截交线的形状特点，求作曲面体截交线投影时，可分为以下两种情况：

(1)截交线为直线或平行于投影面的圆时，投影可由已知条件根据投影规律直接作出。

(2)截交线为椭圆、抛物线、双曲线等非圆曲线或非投影面平行圆时，需求出曲面和截面上的一系列共有点，然后连成光滑曲线。求共有点常用的方法是"体表面取点法"。

为使所求截交线的形状准确，在求作截交线为非圆曲线或非投影面平行圆的投影时，应遵循先求控制点(对截交线的形状起控制作用的点)，再补充适当的中间点，最后依次光滑连接的顺序作图。

控制点一般包括三类：①曲面外形轮廓素线及边界线上的点；②截交线上转折点和转向点；③截交线可见与不可见的分界点等。

【例 6-3】　图 6-5(a)所示为圆柱被正垂面截切，求作截交线的投影。

分析：

正垂面倾斜于圆柱轴线，截交线为椭圆。该椭圆截交线上有 4 个控制点 A、B、C、D，这 4 个控制点既是圆柱外形轮廓素线上的点，又是截交线上的转向点。

作图步骤：

(1)求截交线上的控制点。在侧面投影圆上标出 a''、b''、c''、d''，再对应在正面投影上标出 a'、b'、c'、(d')，然后根据投影规律求出水平投影 a、b、c、d。

(2)求截交线上的中间点。中间点可任意取，但为了作图方便，通常是取几个对称点。如图 6-5(b)所示，首先在侧面投影上标出 e''、f''、g''、h''，再对应在正面投影上标出 e'、(f')、g'、(h')，然后根据投影规律求出水平投影 e、f、g、h。

(3)分别依次光滑连接各点，擦去被切掉的线条，加深图线完成作图。

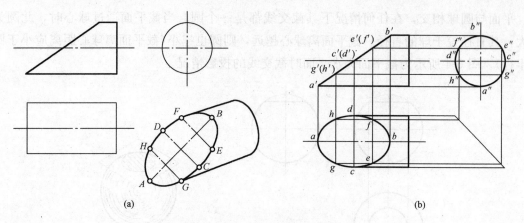

(a)   (b)

图 6-5　求作平面斜切圆柱的截交线

【特别提示】　当正垂面与水平投影面倾斜 45°时，截交线椭圆的水平投影为一圆，直径和圆柱直径相等。

【例 6-4】　图 6-6(a)所示为圆锥被正垂面截切，求作截交线的投影。

分析：

圆锥被正垂面切断所有素线，截交线为椭圆。该椭圆截交线上有 6 个控制点 A、B、C、D、E、F，其中 A、B、C、D 是曲面轮廓素线上的点，E、F 是椭圆的最前、最后点，其位于截交线正面投影的中点。该椭圆的正面投影积聚成一条斜直线，为已知；椭圆的水平投影及侧面投影均为类似性。

作图步骤：

(1)求截交线上的控制点。首先从积聚性投影入手，根据投影规律求出圆锥四条轮廓素线与截平面的交点 A、B、C、D 的水平投影和侧面投影；然后再从正面投影入手，用辅助圆法求出截交线椭圆的最前、最后点 E、F 的水平投影和侧面投影。

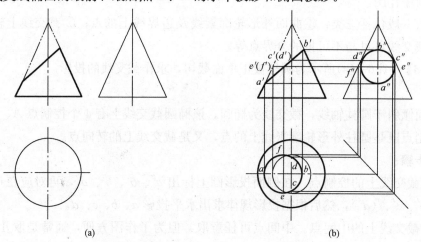

(a)   (b)

图 6-6　求作平面斜切圆锥所有素线的截交线

(2)用辅助圆法求截交线上中间点的水平投影及侧面投影。

(3)分别依次光滑连接，加深图线完成作图。

【例6-5】　求作如图6-7(a)所示圆柱切槽截交线的投影。

分析：

圆柱被三个平面截切，P 为侧平面，R 为水平面，Q 为正垂面。截平面 P 垂直于轴线，截交线为圆(因为截切大半部分，故为大半圆)；截平面 R 平行于轴线，截交线为矩形；截平面 Q 倾斜于轴线，截交线为大半椭圆。椭圆截交线上有 5 个控制点 A、B、C、D、E。三条截交线的正面投影均与截平面的积聚性投影重合；侧面投影中，圆和椭圆截交线的投影与圆周重合，矩形截交线为一条虚线，需画出；水平投影中，矩形反映实形，圆积聚为一条直线，椭圆为类似形。

作图步骤：

(1)求作 P 面截交线的投影。由正面投影和侧面投影根据投影规律求出水平投影为一直线。

(2)求作 R 面截交线的投影。由正面投影补出侧面投影一条虚线，然后根据投影规律求出水平投影矩形。

(3)求作 Q 面截交线的投影。从正面投影和侧面投影入手求控制点及中间点，然后根据投影规律画出椭圆截交线的水平投影。擦去被切掉线条，加深完成作图。

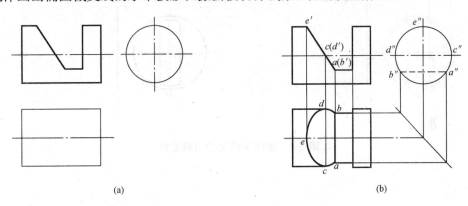

(a)　　　　　　　　　　　　　(b)

图6-7　求作圆柱切槽截交线

【特别提示】　立体被多个平面截切，截交线应一个面一个面求作。

【例6-6】　如图 6-8(b)所示，已知半圆球上截有一矩形槽口，试作槽口截交线的投影。

分析：

如图 6-8(b)所示，半圆球顶部有一矩形槽口，可以看出槽口是由三个截平面同时截成的，左右两个截面为两个大小相等而且对称的侧平弓形面，其侧面投影反映实形。水平截面为两端弓形中间矩形的平面，其水平投影反映实形。

作图步骤：

(1)求作水平圆弧的投影。先求水平投影，由 a' 点确定水平圆弧的半径；再利用投影规律求其侧面投影。

(2)求作侧平圆弧的投影。先求侧面投影，由 b' 点确定侧平圆弧的半径；再利用投影规律求其水平投影。

(3)求作截平面间交线的投影。注意其侧面投影不可见（虚线）。擦去被切掉线条，加深完成作图。

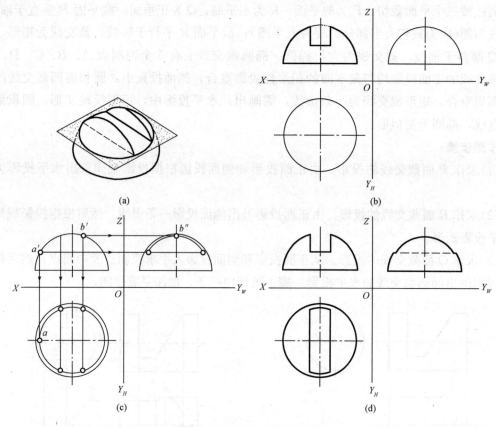

(a)

(b)

(c)

(d)

图6-8　求作半球上槽口截交线

任务三　两平面体相交

图 6-9 所示分别为两平面体相交、平面体与曲面体相交、两曲面体相交相贯线的情况。可见，立体的形状不同，相交的位置不同，相贯线的形状各不相同。不管相贯线的形状如何复杂，相贯线都具有以下两个特性：

(1)共有性。相贯线是两立体表面的共有线，相贯线上的点是两立体表面的共有点。

(2)封闭性。由于立体有一定的范围，所以，相贯线一般是闭合的空间折线或空间曲线（特殊情况下也可能是平面曲线或直线）。

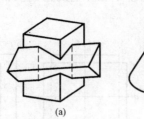

(a)   (b)   (c)

图 6-9   两立体相贯

一、相贯线的形状

两平面体相交，相贯线一般是封闭的空间折线或平面折线。每段折线均为一立体的某一棱面与另一立体的某一棱面的交线，而折线的每个转折点均为一立体的某一棱线与另一立体的某一棱面的交点，如图 6-9(a)所示。

二、相贯线的画法

根据两平面体相贯线的形状特点，求相贯线的一般步骤如下：

(1)分析已知条件，读懂投影图，确定两立体参与相贯的棱线和表面。

(2)求参与相贯的一立体棱线与另一立体表面的交点。

(3)依次连接各交点的同面投影。

连线原则：两点位于一立体的同一棱面上，同时，又位于另一立体的同一棱面上，才能连点成线。

(4)判断相贯线的可见性。

判断方法：相贯线所在棱面在两个立体上均可见，则相贯线可见。

【例 6-7】   如图 6-10(b)所示，两个直三棱柱相交，求作相贯线的投影。

分析：

由图 6-10(a)、(b)可以看出，ABC 棱柱的棱线均垂直于水平面，DEF 棱柱的棱线均垂直于侧立面。参与相交的有 B 棱、E 棱和 F 棱，棱面有 AB、BC 和 DE、DF、EF 五个棱面。其中 B 棱分别与 DE、DF 棱面相交于Ⅰ、Ⅱ两点，E、F 棱分别与 AB、BC 棱面相交于Ⅲ、Ⅳ和Ⅴ、Ⅵ四点。因为参与相交的棱面均为特殊位置面，所以可利用积聚性法求各交点的投影。

作图步骤：

(1)求各交点的投影：标出交点水平面投影 3、4、(5)、(6)与侧面投影 $1''$、$2''$，然后根据投影规律求出正面投影 $1'$、$2'$、$3'$、$4'$、$5'$、$6'$，如图 6-10(c)所示。

(2)连接各交点：Ⅰ、Ⅲ两点位于 ABC 棱柱的 AB 棱面上，同时又位于 DEF 棱柱的 DE 棱面上，所以用直线相连。根据连线原则，在正面投影上应连接 $1'3'$、$3'5'$、$5'2'$、$2'6'$、$6'4'$ 和 $4'1'$ 成一封闭折线，如图 6-10(d)所示。

(3)判断相贯线的可见性：根据判断相贯线可见性的方法，从正面投影分析，参与相贯

的棱面只有 EF 棱面不可见，故位于 EF 棱面上的Ⅲ Ⅴ和Ⅳ Ⅵ的正面投影 $3'5'$ 和 $4'6'$ 两条直线不可见，应连虚线。

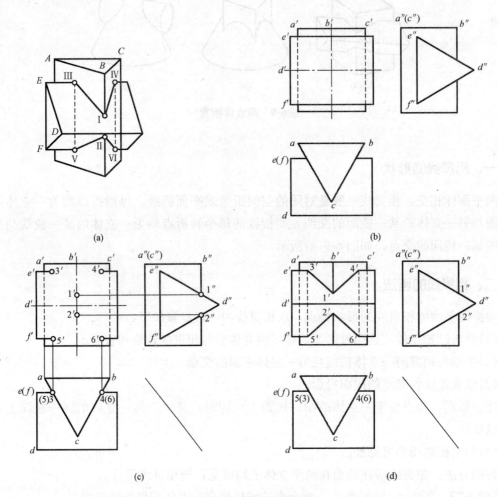

(a)

(b)

(c)

(d)

图 6-10　两三棱柱相贯

任务四　平面体与曲面体相交

一、相贯线的形状

平面体与曲面体相交，其相贯线一般是由若干段平面曲线组成的空间封闭线或是由若干段平面曲线和直线组成的空间封闭线。相贯线上每段平面曲线（或直线），就是平面体的某个棱面与曲面体表面的交线（截交线）；相邻两段平面曲线（或直线）的交点就是平面体的某条棱线与曲面体表面的交点，如图 6-9(b)所示。

二、相贯线的画法

根据平面体与曲面体相贯线的形状特点，求其相贯线可归结为求平面与曲面体的截交线及求直线与曲面体表面的交点。

求相贯线的一般步骤如下：

(1)分析已知条件，读懂投影图，确定两立体参与相贯的棱线和表面。

(2)求参与相贯的平面体的棱线与曲面体表面的交点。

(3)求参与相贯的平面体的棱面与曲面体的截交线。

(4)判断相贯线的可见性，判断的方法同两平面体相贯的情况。

【例 6-8】 如图 6-11(a)所示，求圆锥薄壳基础中四棱柱与圆锥面的相贯线。

分析：

圆锥薄壳基础由直四棱柱与正圆锥相贯而成，其相贯线是由四条双曲线组成的空间曲线，这四条双曲线的转折点是四棱柱各棱线与圆锥面的交点 A、C、E、G，相贯线的水平投影已知，为四棱柱四个棱面的积聚性投影，需求作水平投影和侧面投影。

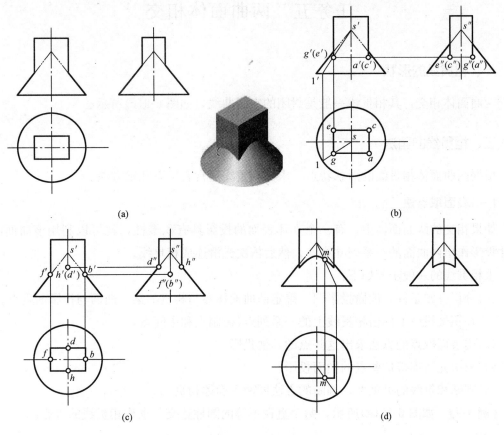

(a)

(b)

(c)

(d)

图 6-11 圆锥薄壳基础的相贯线

(a)已知条件；(b)求转折点；

(c)求特殊点；(d)求中间点并连线

作图步骤:

(1)作转折点投影。在水平投影上标出 a、c、e、g,连接 sg 与圆锥底面圆交于点 1,利用素线的投影作出 g'。四棱柱四条棱线与圆锥面的交点均位于同一高度,即可求出 $g'(e')$、$a'(c')$、$g''(a'')$、$e''(c'')$,它们既是相贯线上的转折点,又是各双曲线的最低点,如图 6-11(b)所示。

(2)前、后双曲线的最高点是圆锥面上的最前、最后轮廓素线与四棱柱前后棱面的交点 H、D;左、右双曲线的最高点是圆锥面上最左、最右轮廓素线与四棱柱左右棱面的交点 F、B,可利用轮廓素线上点的投影直接求出,如图 6-11(c)所示。

(3)利用圆锥表面上取点的方法求作双曲线上若干个中间点,如图中的点 M,如图 6-11(d)所示。

(4)光滑连接各点,判断可见性,加深图线,完成作图。

【特别提示】 在求出相贯线后应注意,凡相贯的立体的轮廓线都只画到相贯线为止。

任务五　两曲面体相交

一、相贯线的形状

两曲面体相交,其相贯线一般是封闭的空间曲线,如图 6-9(c)所示。

二、相贯线的画法

根据两曲面体相贯线的形状特点,求其相贯线通常有以下几种方法。

(一)表面取点法

如果相交的两曲面体中,有一个立体表面的投影具有积聚性,就可以利用该曲面的积聚性投影作出两曲面的一系列共有点,然后依次光滑连成相贯线。

求相贯线的一般步骤如下:

(1)分析已知条件,读懂投影图,确定两曲面体参与相贯的某一曲面与投影面垂直。

(2)在积聚投影上标出相贯线上的一系列点(控制点和中间点)。

(3)用表面取点的方法求出这些点的其他投影。

(4)依次光滑连接这些点的同面投影。

(5)判断相贯线的可见性,判断的方法同两平面体相贯。

【例 6-9】 如图 6-12(a)所示,两个直径不等的圆柱正交,求作相贯线的投影。

分析:

由于两正交圆柱的轴线分别垂直于 H、W 面,其相贯线的水平投影和侧面投影与相应圆柱面的积聚投影重合,为已知,故只需求出相贯线的正面投影。因相贯线是一条前后、左右对称的空间曲线,所以其正面投影的可见部分与不可见部分重合。两圆柱正面轮廓素线在同一平面上，交于 A、B 两点。

作图步骤：

（1）求控制点。先在已知的水平投影和侧面投影中标出 a、b、c、d 和 a''、(b'')、c''、d''，分别在其相应的轮廓素线上求出 a'、b'、c'、d'，如图 6-12(b) 所示。

（2）求中间点。在水平投影中取左右对称点 e、f，并标出相应的侧面投影 $e''(f'')$，然后根据投影规律求出正面投影 e'、f'，如图 6-12(c) 所示。

（3）依次光滑连接各点，如图 6-12(d) 所示，加深完成作图。

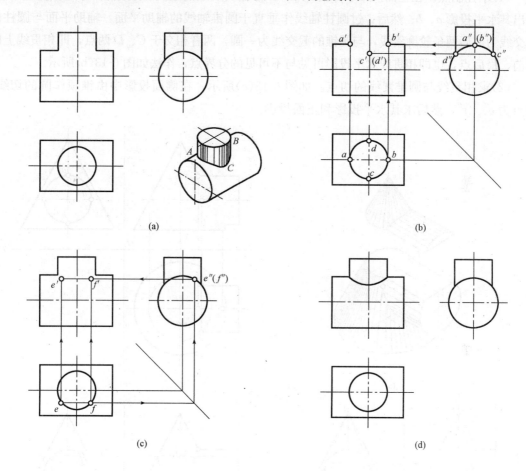

图 6-12　两圆柱正交

（二）辅助平面法

求两曲面体相贯线的另一基本方法是辅助平面法。用辅助截平面切割两个曲面体，得到两组截交线，这两组截交线必然相交，截交线的交点就是相贯线上的点。作若干辅助截平面，求出相贯线上一系列的点，并依次光滑连接，即为所求相贯线。

辅助平面的选择原则：应使辅助平面切割曲面体所得截交线的投影为圆或直线，简单易画。

【例 6-10】　如图 6-13(a) 所示，圆柱与圆锥轴线正交，求作相贯线的投影。

分析：

如图 6-13(b)所示，圆柱和圆锥的轴线垂直相交（分别垂直于侧立面和水平面），相贯线是前后对称的封闭空间曲线，其正面投影前后重影，水平投影为一封闭曲线，侧面投影重影于圆柱表面的侧面投影。圆锥表面的投影没有积聚性，可以采用垂直于圆锥轴线的辅助平面求出相贯线上若干点的水平投影和正面投影，然后分别依次连接各点的同面投影即可。

作图步骤：

(1)求控制点。在正面投影中标出 a'、b'，即相贯线上的最高、最低点，再根据投影规律求出其水平投影 a、b；然后，过圆柱轴线作垂直于圆锥轴线的辅助平面，辅助平面与圆柱的截交线为前后两条轮廓素线，与圆锥的截交线为一圆，两者相交于 C、D 两点，即相贯线上的最前、最后点，也即相贯线水平投影可见与不可见的分界点，作法如图 6-13(b)所示。

(2)求相贯线与圆锥素线的切点。如图 6-13(c)所示，在侧面投影中由锥顶作圆的切线，切点为 e''、f''，然后求其水平投影和正面投影。

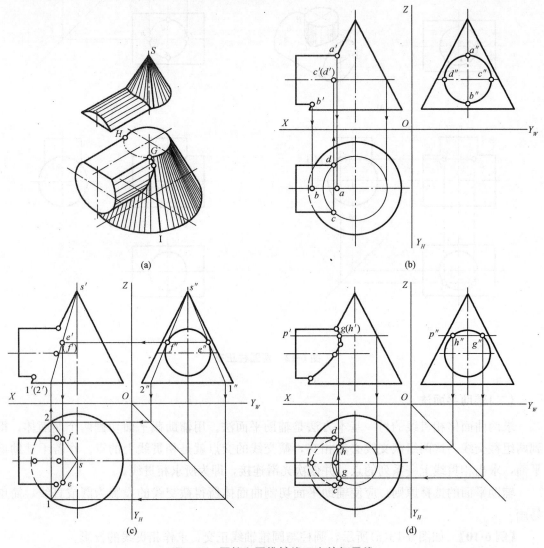

图 6-13　圆柱和圆锥轴线正交的相贯线

（3）求中间点。如图 6-13(d)所示，用辅助平面法求相贯线上的中间点。

（4）依次光滑连接各点的同面投影并判别可见性，加深完成作图。

【特别提示】 *E*、*F* 两点前后对称，位于相贯线的最右边。

（三）简化作图法

在工程图中经常遇到两个直径不等圆柱正交的相贯线，为了简化作图，其相贯线的非积聚投影可用近似的圆弧代替，圆弧的半径 *R* 等于大圆柱体的半径，即 $R=D/2$，画法如图 6-14 所示。

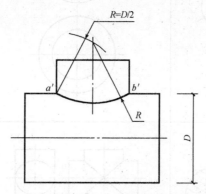

图 6-14　两圆柱正交相贯线的简化画法

（四）相贯线的特殊情况

两曲面体相交时，相贯线一般为封闭的空间曲线。但在特殊情况下，相贯线是平面曲线或是直线。常见的特殊相贯线见表 6-3。画相贯线时，如遇到下述特殊情况，可直接画出相贯线。

表 6-3　常见相贯线的特殊情况

相贯情况	轴测图	相贯线投影图	相贯线性质
两圆柱轴线平行			相贯线为平行于轴线的两直线（素线）
两圆锥共顶			相贯线为过顶点的两直线（素线）

相贯情况	轴测图	相贯线投影图	相贯线性质
圆柱和圆球共轴	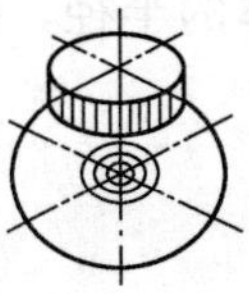	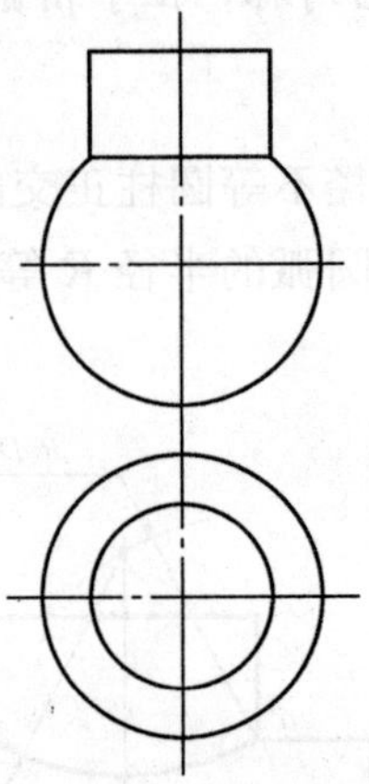	相贯线为垂直于轴线的圆
两圆柱正交 正切于一球	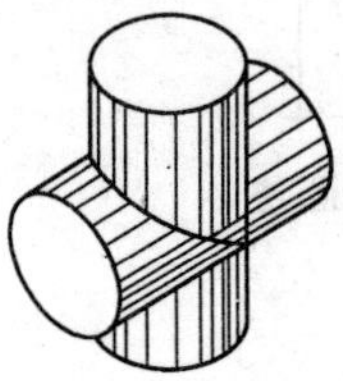	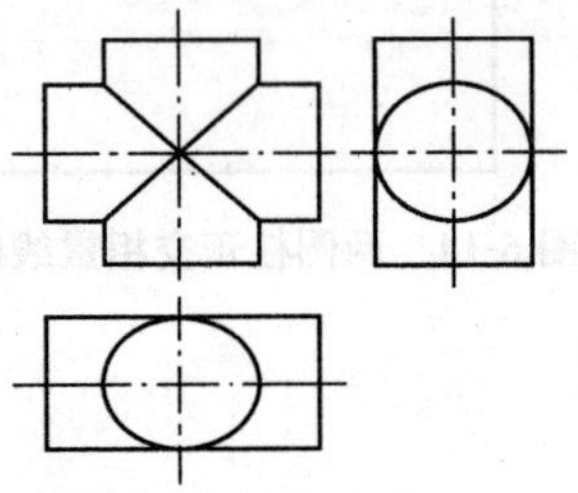	相贯线为两个相等的椭圆
圆柱与圆锥 正交公切于一球	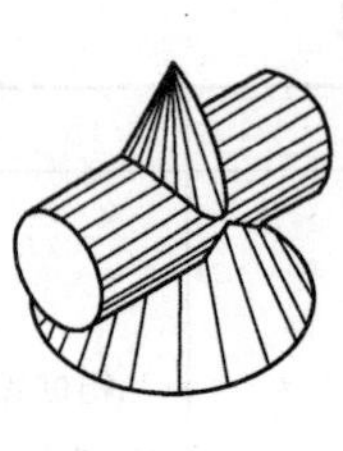	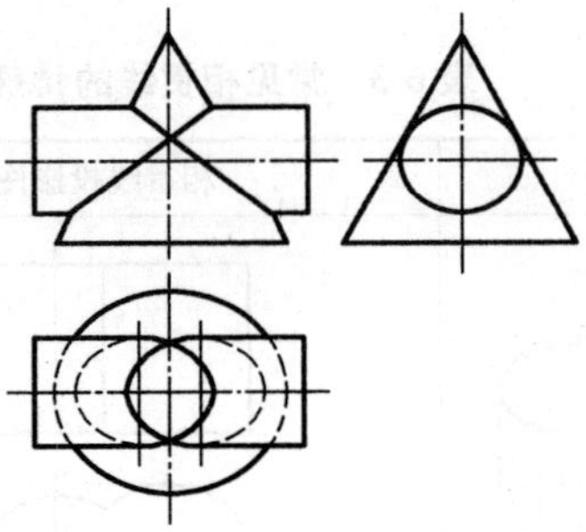	相贯线为两个相等的椭圆

> 小　结

本项目主要介绍了立体表面的交线，通过学习，要求掌握如下内容：

（1）立体被平面截切所产生的表面交线称为截交线。截交线为封闭图形；截交线是截平面与立体表面的共有线，截交线上的点是截平面与立体表面的共有点。掌握平面体、曲面体截交线的画法。

（2）两立体相交在立体表面上产生的交线称为相贯线。相贯线是两立体表面的共有线，相贯线上的点是两立体表面的共有点；相贯线通常是封闭的空间折线或空间曲线。掌握平面体与平面体相交、平面体与曲面体相交、曲面体与曲面体相交相贯线的画法。

项目七　组合体

了解组合体的概念及组合形式；熟悉形体分析法及线面分析法的适用条件；掌握组合体视图的画法、识读和尺寸标注。

由若干个基本体所组成的物体，称为组合体。任何复杂的建筑物都是由基本体按一定的方式组合而成的，研究组合体的投影是研究建筑形体投影的基础。

任务一　组合体的形体分析

一、形体分析法

形体分析法是以基本体为单元，先分解后综合的一种分析方法。

任何复杂的形体，都可以看成是由若干个简单的基本体组合而成的。在对组合体进行画图、读图和标注尺寸的过程中，一般都是运用形体分析法假想把组合体分解成若干基本体，然后再弄清它们之间的组合方式、相对位置及表面连接关系。形体分析法是画图、读图和标注尺寸的常用方法。

二、组合体的组合形式

组合体按组合形式可分为叠加式、切割式和综合式三种。

由两个或两个以上的基本体叠加而形成的组合体称为叠加式组合体。图 7-1（a）所示为扶壁式挡土墙，挡土墙可以看成由一个直多棱柱体和一个三棱柱叠加而成。

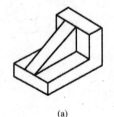
(a)
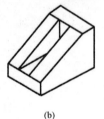
(b)

图 7-1　叠加式和切割式组合体

（a）扶壁式挡土墙；（b）支座

由基本体切割而形成的组合体称为切割式组合体。如图 7-1(b)所示的支座，支座的原体是直五棱柱，然后在直五棱柱的上部中间切去一个三棱柱后形成的。

既有形体叠加又含有形体切割的组合体称为综合式组合体。如图 7-2 所示，该形体是由圆头长方体Ⅰ与长方体Ⅱ以及三棱柱Ⅲ上下叠加，再在长方体Ⅱ上方中部切去一个长方体后形成的。

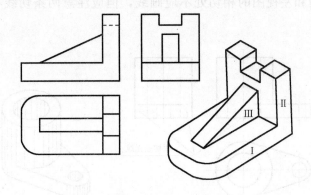

图 7-2　综合式组合体

三、组合体各部分之间表面连接关系

将组合体分解成多个基本体为假想的，组合体实际上是一个整体，所以在画组合体视图时，必须注意各部分之间的表面连接关系，才能不多画或漏画线；在读图时，也必须注意这些关系，才能读清楚整体的结构和形状。

组合体各部分之间的连接关系可分为相贴、相切和相交三种情况。

（一）相贴

相贴是指两基本体的平表面相互接触。当两体相贴时，非相贴表面不平齐时有分界线，平齐时无分界线，如图 7-3 所示。

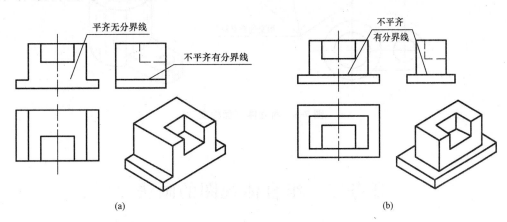

(a)　　　　　　　　　　　　　　　　　(b)

图 7-3　两立体表面相贴

(二)相切

相切是指两基本体表面(平面与曲面、曲面与曲面)光滑过渡。当平面与曲面、曲面与曲面相切时,在相切处无交线。如图7-4所示,该物体由空心圆柱与圆头组合柱两部分叠加而成,组合柱的侧面与空心圆柱面相切,在相切处形成了光滑过渡,相切处无交线,因此,在主视图和左视图的相切处不应画线,但应注意两条切线在主视图和左视图中的位置。

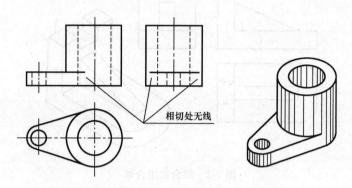

相切处无线

图7-4 两立体表面相切

(三)相交

相交是指两基本体表面彼此相交。当两体相交时,相交处有交线即相贯线,相贯线应画出,如图7-5所示。

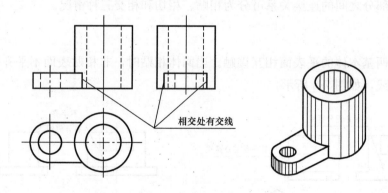

相交处有交线

图7-5 两立体表面相交

任务二 组合体视图的画法

由于组合体的形状一般比较复杂,所以画组合体视图,一般按照形体分析、视图选择、画图三步进行。

一、形体分析

画三视图之前应对组合体进行形体分析。首先分析组合体是属于哪一种组合形式（叠加、切割、综合），由几部分组成，然后分析各部分之间的表面连接关系，从而对所要表达的组合体有一个总体认识。

二、视图选择

视图选择的原则是：用尽量少的视图把物体完整、清晰地表达出来。

(一)确定物体的放置位置

物体通常按正常工作位置放置。应尽量使物体的表面平行（投影反应实形）或垂直（积聚后作图简单）于投影面。总之，应该将物体摆正放平。

(二)选择主视图的投影方向

物体的放置位置确定后，在选择主视图的投影方向时，首先考虑主视图应尽可能多地反映物体的形状特征和各组成部分的相对位置，同时，考虑尽量减少视图中的虚线，如图 7-6 所示。另外，还要考虑合理地利用图纸，如图 7-7 所示。

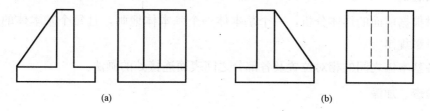

(a)　　　　　　　　　　　　　　(b)

图 7-6　尽量减少视图中的虚线

(a)好；(b)不好

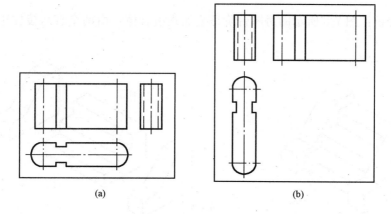

(a)　　　　　　　　　　　(b)

图 7-7　合理地利用图纸

(a)合理；(b)不合理

(三)确定视图数量

确定视图数量的原则是:在准确、清晰地表达组合体形状、结构的前提下,视图数量应为最少。

确定视图数量的方法是:应用形体分析的成果,逐部分确定所需视图,最后得出表达整体所需的视图数量及名称。

三、画图

(一)选定比例、确定图幅

根据组合体的大小和复杂程度,按制图标准规定选择适当的比例和图幅。选择原则是:表达清楚,易画、易读,图上的图线不宜过密或过疏。

(二)布置视图

布置视图位置即画出各视图的基准线。基准线是画图和量取尺寸的起始线,基准线一般选用图形的对称线、较大平面的轮廓线或圆的中心线。

布置视图应使各视图均匀布局,不能偏向图纸的某一侧。各视图之间要留有适当的空隙,以便于标注尺寸。

(三)画底稿

画图时根据前面的形体分析,一个基本体一个基本体地画,且每个基本体的三视图都必须符合投影规律。

注意各基本体之间的相对位置及各部分之间表面连接处的画法。

(四)检查、加深

底稿完成以后,应仔细检查是否有漏画或多画的图线,改正错误,最后加深图线,完成作图。

【例7-1】 绘制如图7-8所示房屋台阶的视图。

分析:

(1)形体分析:图7-8所示的房屋台阶是叠加式组合体,由两个直六棱柱边墙和一个多棱柱台阶组成。

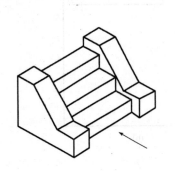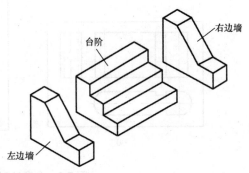

图7-8 房屋台阶

(2)视图选择：按工作位置进行放置，主视图投影方向如图 7-8 所示箭头所指方向。

(3)确定视图数量：直六棱柱边墙和多棱柱台阶需主视图和左视图表达，因此，选择主视图和左视图两个视图就可以表达清楚该房屋台阶。考虑到练习三视图的画法，下面我们作出房屋台阶的三个视图，如图 7-9 所示。

作图步骤：

(1)选定比例，确定图幅。

(2)布置视图，画出各视图基准线。

(3)作图步骤如图 7-9 所示，先画多棱柱台阶，再画两个直六棱柱边墙。考虑到侧面投影中台阶不可见，改成虚线。

(4)检查、加深图线。

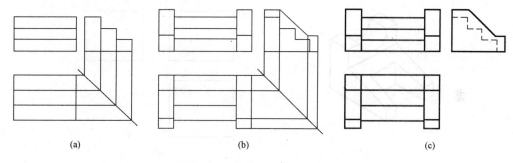

(a)   (b)   (c)

图 7-9　房屋台阶画图步骤

【**特别提示**】　叠加式组合体按先主后次，先大后小、先下后上、先整体后细节的顺序作图。

【**例 7-2**】　绘制如图 7-10 所示组合体的视图。

分析：

(1)形体分析：图 7-10 所示为切割式组合体。该形体由长方体切割而形成，先在长方体左上部切去一个梯形柱Ⅰ，再在形体的前后中间切去梯形柱Ⅱ，最后在形体右上部中间切去半圆柱Ⅲ。

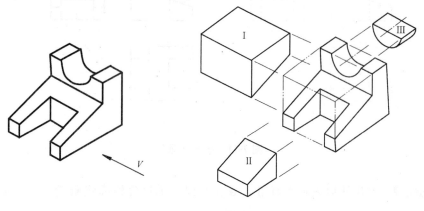

图 7-10　形体分析

(2)视图选择：将物体摆正放平，图 7-10 中箭头所指方向能反映物体形状特征，选此方向为主视图投影方向。

(3)确定视图数量：梯形柱Ⅰ和Ⅱ需主视图和俯视图表达，半圆柱Ⅲ需主视图和左视图表达，因此，该物体需画主视图、俯视图和左视图三个视图。

作图步骤：

(1)画切割前的长方体，如图 7-11(b)所示。

(2)画被切去的梯形柱Ⅰ，如图 7-11(c)所示。

(3)画被切去的半圆柱Ⅲ，如图 7-11(d)所示。

(4)画被切去的梯形柱Ⅱ，如图 7-11(e)所示。

(5)检查、加深图线，完成作图，如图 7-11(f)所示。

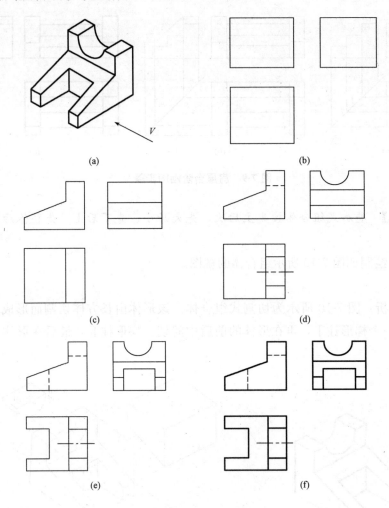

图 7-11　画图步骤

【特别提示】 形体被切去梯形柱Ⅱ，在左视图中上边的轮廓线断开，而下边的轮廓线仍连续。

任务三　组合体视图的尺寸标注

一、尺寸标注的基本要求

1. 正确

正确是指尺寸标注要符合制图标准的相关规定。

2. 完整

完整是指所注尺寸能够完全确定物体的大小及各组成部分的相对位置，即定形尺寸（确定各基本形体大小的尺寸）、定位尺寸（确定各基本形体之间相对位置的尺寸）、总体尺寸（确定物体总长、总宽、总高的尺寸）要标注齐全。

3. 清晰

清晰是指所注尺寸整体排列要整齐，便于读图。

(1)尺寸位置要明显。尺寸尽量标注在反映物体形状特征的视图上；表示同一部分的尺寸应集中在一个或两个视图上；虚线上不注尺寸。

(2)尺寸排列要整齐。尺寸尽量标注在视图之外；与两视图有关的尺寸最好注在两视图之间；在同一方向的尺寸排在一条线上，不要错开。

4. 合理

合理是指所注尺寸既能满足设计要求，又方便施工。若要符合设计施工要求，则需具备一定的设计和施工知识后才能逐步做到。

综上所述，标注尺寸的基本要求是：正确、完整、清晰、合理。"正确、清晰"已在基本制图标准中介绍，"合理"只作原则性介绍，下边重点阐述如何将组合体的尺寸标注完整的问题。

二、基本体的尺寸标注

组合体由基本体组成，要把组合体尺寸标注完整，首先应掌握基本体的尺寸注法。

标注基本体尺寸时，应按照基本体的形状特点进行标注，图 7-12 所示是几种常见基本体的尺寸注法。

1. 需要标注的尺寸

(1)柱体、台体需标注底面形状尺寸和底面之间的距离尺寸。

(2)锥体需标注底面形状尺寸和底面与锥尖之间的距离尺寸。

(3)圆球体只需标注球面直径。

2. 需要注意的问题

基本体上同一处的尺寸在视图上只能标注一次。

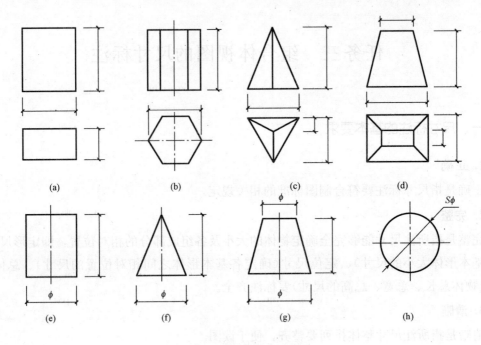

图 7-12 基本体的尺寸标注

三、切割式组合体尺寸标注

标注组合体尺寸，首先要进行形体分析。对于切割式组合体，在标注尺寸时，应分析该切割体原体是什么，是如何被切割的，然后再确定尺寸基准依次进行尺寸标注。

1. 需要标注的尺寸

切割体需要标注的尺寸是原体尺寸和截平面的位置尺寸。

2. 需要注意的问题

切割体上截断面的形状不注尺寸。因为截平面位置一旦确定，其截交线自然形成。

【例 7-3】 标注如图 7-13 所示组合体的尺寸。

分析：

该组合体是切割体，原体是直五棱柱，用三个截平面（两个侧平面，一个水平面）在直五棱柱上方正中切了一个通槽。

作图步骤：

(1)标注原体尺寸。原体直五棱柱需标注底面尺寸 29、9、9、29 和两底面间距离尺寸 46，如图 7-13(b)所示。

(2)标注截平面位置尺寸。水平截面位置只需标注尺寸 12，两侧平截面沿物体中心左右对称分布，所以，只需标注两截面距离尺寸 16，截平面位置尺寸应标注在主视图槽口上，如图 7-13(c)所示。

【特别提示】 该切割体的形状和大小由这七个尺寸完全确定，俯视图中的截交线不需再标注尺寸。

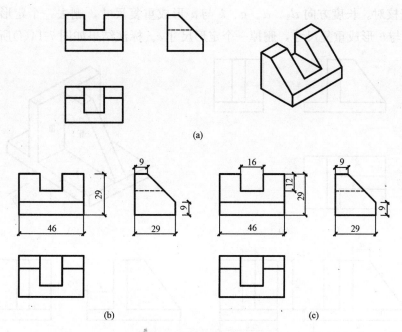

图 7-13　切割体的尺寸标注

(a)已知条件；(b)原体尺寸；(c)标注结果

四、叠加式组合体尺寸标注

标注叠加式(综合式)组合体的尺寸，也应先进行形体分析，分析该叠加体由几部分组成，各部分间的叠加方式及相对位置，然后按画图的思路逐部分进行标注。

1. 需要标注的尺寸

需要标注各组成部分的定形尺寸、定位尺寸及组合体的总体尺寸。

2. 需要注意的问题

相贯线形状不标注尺寸。因为两相交立体形状及位置一旦确定，其相贯线自然形成。

【例7-4】　标注如图7-14(a)所示组合体的尺寸。

分析：

该组合体由长方体Ⅰ、梯形柱Ⅱ和长方体Ⅲ三部分叠加而成，如图7-14(b)所示。

作图步骤：

(1)标注各部分定形尺寸。长方体Ⅰ需标注长、宽、高三个定形尺寸，分别为 a、b、c；梯形柱Ⅱ需标注四个定形尺寸，分别是 d、e、f、d_2；长方体Ⅲ需标注三个定形尺寸，分别为 b、e、g，如图7-14(c)所示。

(2)标注各部分定位尺寸。长方体Ⅲ放置在长方体Ⅰ上，前后对齐，所以只需标注左右方向定位尺寸 k；梯形柱Ⅱ位于长方体Ⅰ的上方、长方体Ⅲ的左侧，前后位置对称，不需标注定位尺寸，如图7-14(d)所示。

(3)标注总体尺寸。总长、总宽、总高分别为 a、b、h，如图7-14(e)所示。

(4)检查核对。长度方向 d_2、d、g、k 与 a 形成重复尺寸，删去一个定形尺寸 d_2；高度方向 c、e 与 h 形成重复尺寸，删掉一个定形尺寸 e。标注结果如图 7-14(f)所示。

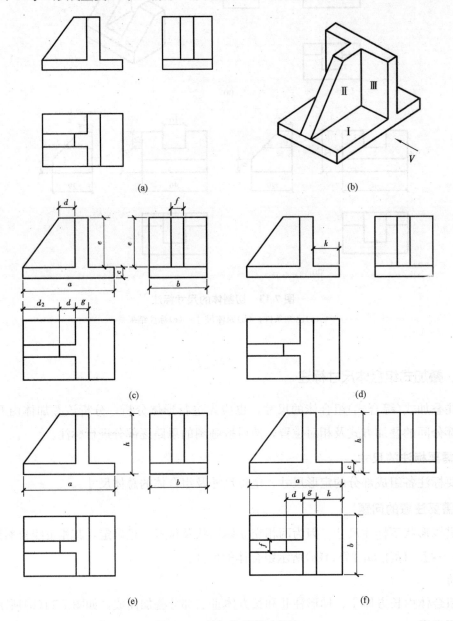

图 7-14 叠加体的尺寸标注

(a)已知条件；(b)形体分析；(c)定形尺寸；(d)定位尺寸；(e)总体尺寸；(f)标注结果

任务四 组合体视图的识读

读图是画图的逆向思维过程。读图时应根据已知视图，运用投影原理、三视图投影规律及基本体三视图的图形特征，正确分析视图中的每条图线、每个线框所表示的投影含义，综合想象出组合体的空间形状。

一、读图的基本知识

(一)掌握读图的准则

由于一个视图不能确定物体的形状，因此读图时应以主视图为中心，将各视图联系起来看，如图 7-15 和图 7-16 所示。

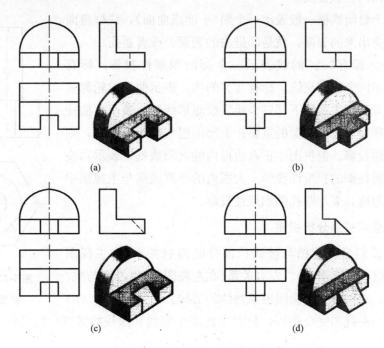

图 7-15　一组视图相同的组合体

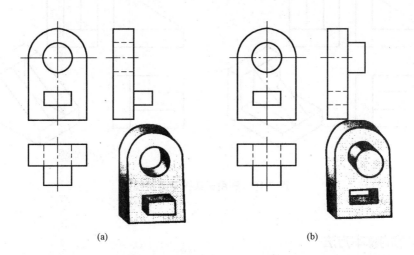

图 7-16　两组视图相同的组合体

(二)熟记读图的依据

三视图的投影规律、基本体三视图的图形特征和各种位置直线、平面的投影特性是读图的依据，只有熟练地掌握它们，才能读懂各类物体的图形。

(三)弄清图中线和线框所代表的含义

分析视图中的图线及线框的含义，对想象物体的形状是很有帮助的。

视图中的一条线可能表示物体上有积聚性投影的一个面；也可能表示两个面的交线；还可能表示曲面的轮廓素线。

视图中一个封闭线框一般表示一个面(平面或曲面)，线框里面的线框，不是突出来的表面，就是凹进去的表面，或者通孔。

图7-17中，标有"△"的线表示一个面的积聚性投影；标有"×"的线，表示两个面的交线；标有"○"的线，表示曲面的轮廓素线。从线框来分析，主视图下部三个粗实线矩形线框，表示六棱柱前面三个棱面和后面三个棱面的重影；上部的粗实线矩形线框，则表示圆柱的曲面投影。俯视图中正六边形内的大圆线框，表示六棱柱上面凸出的圆柱面的积聚性投影；大圆内的小圆线框与主视图中的两条虚线相对应，表示圆孔的积聚性投影。

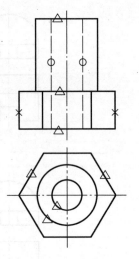

图7-17　图线和线框的含义

(四)利用虚实关系分析视图

虚线帮助我们分清遮挡与被遮挡部分的前后关系(在主视图中)、上下关系(在俯视图中)、左右关系(在左视图中)以及实与空、内与外等关系，有助于我们读图想象物体的结构。图7-18(a)、(b)所示的俯视图与左视图完全相同，只有主视图中实线和虚线的区别，但其结果是完全不同的两个物体。

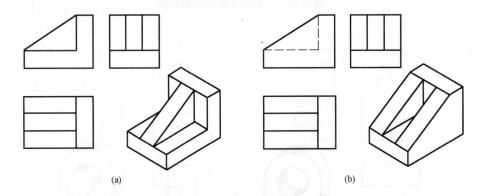

(a)　　　　　　　　　　　　(b)

图7-18　利用虚实关系分析视图

二、读图的基本方法

读图是画图的逆向思维过程，所以读图的方法与画图是相同的。读图的基本方法也是形体分析法，遇难点部分辅以线面分析法。

（一）形体分析法

形体分析法读图是以基本形体为读图单元，将组合体视图分解为若干简单的线框，然后判断各线框所表达的基本体的形状，再根据各部分的相对位置综合想象整体。

【例 7-5】 根据图 7-19(a)所示的三视图，想象其空间形状。

分析：

(1)分析视图，划分线框。首先弄清楚各视图名称、投影方向，建立起物图关系，然后划分线框。该物体是综合式组合体，从主视图入手，结合其他视图可将其分为Ⅰ、Ⅱ、Ⅲ三部分。

(2)对照投影，确定形状。

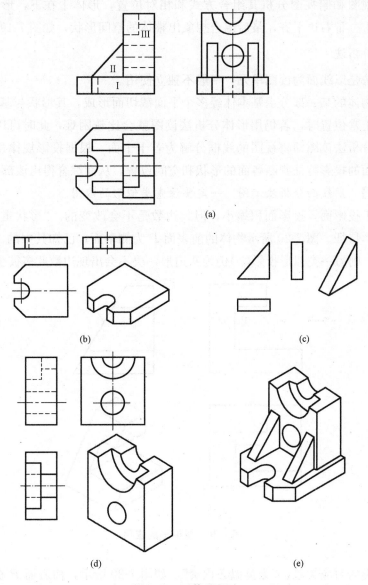

图 7-19 形体分析法

形体Ⅰ：假想将其从图中分离出来，如图 7-19(b)所示的三视图。其主体为一长方体，用铅垂面在左端切出前后对称的两个斜角，再在左端前后正中间竖直方向切出一个 U 形槽，U 形槽的曲面为半圆柱曲面。其立体形状如图 7-19(b)所示。

形体Ⅱ：形体Ⅱ由两部分组成，其结构是一样的。假想取出一个进行分析，如图 7-19(c)所示的三视图，由三面投影可以明显看出其为直角三棱柱。

形体Ⅲ：假想将其从图中分离出来，如图 7-19(d)所示的三视图。可以看出，其主体为一长方体；在长方体上部前后中间开了一个阶梯形半圆柱槽；在阶梯形半圆柱槽下部又开了一个圆柱通孔。其立体形状如图 7-19(d)所示。

(3)考虑位置，想出整体。经过上述分析，我们分别得出了形体Ⅰ、Ⅱ、Ⅲ的立体形状。再根据主视图和俯视图分析其组合方式和相对位置，形体Ⅰ在下，形体Ⅱ、Ⅲ在上，且前后对称，Ⅰ、Ⅲ右边平齐，最后综合想象出整体的空间形状，如图 7-19(e)所示。

(二)线面分析法

线面分析法是以线面为读图单元，一般不独立使用。

当物体或物体的某一部分由基本体经多个平面截切而形成，其形状与基本体差异很大，或其位置偏离正常位置时，若仍用形体分析法读图就会比较困难，此时可以采用线面分析法读图。线面分析法读图即将视图的线框分解为若干个面，根据投影规律逐一找全各面投影，然后按平面的投影特征判断各面的形状和空间位置，从而综合得出该部分的空间形状。

【特别提示】 用线面分析法读图，一定要注意类似形的应用。

平面倾斜于投影面，投影面积缩小，但其边数是不会改变的。"形状雷同，边数相等"是类似形的基本特征。图 7-20 所示物体的前表面 P 为侧垂面，已知其中的一个类似形投影(p')为八边形，则另一类似形投影(p)仍为八边形，决不会出现边数此多彼少的情况。

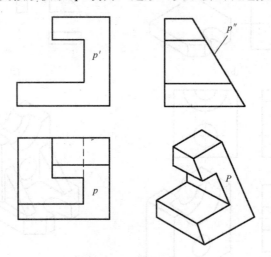

图 7-20 类似形的应用

平面各投影的对应关系，"无类似必积聚"。如图 7-20 所示，前表面 P 在主视图中为八边形线框，在其他视图中的对应投影，可能是一类似形(如 p)，否则就肯定是一线段(如 p'' 具有积聚性)。

【例 7-6】 根据图 7-21(a)所示物体的三视图，想象其空间形状。

分析：

(1)分析视图，划分线框。该物体是叠加体，从左视图入手结合其他视图可将其分为三部分：下部是底板、上部是墩身，墩身前后两侧各突出一个形体，工程上称为"牛腿"，如图 7-21(a)所示。

(2)对照投影，确定形状。根据投影规律，由基本体视图图形特征可知底板为倒凹形直棱柱，墩身为组合柱体，如图 7-21(b)所示。牛腿的形状用形体分析法不易看懂，需作线面分析。

线面分析牛腿：如图 7-21(c)(将前边的牛腿投影放大画出)所示，主视图上平行四边形线框 $1'$ 在俯视图及左视图上没有对应的类似线框，它对应着俯视图上一条水平直线，对应左视图上一条铅垂直线，可知Ⅰ面为正平面；线框 $2'$ 也为平行四边形，在俯视图和左视图上都对应有类似线框 2 及 $(2'')$，可以肯定Ⅱ面是一般位置面。Ⅰ、Ⅱ面在主视图中可见是形体前面的两个面。形体左侧面在主视图上为一斜线 $3'$，对应左视图和俯视图为两矩形线框 $3''$ 及 (3)，可以判断Ⅲ面为一正垂面，用同样的方法可以分析出牛腿的上下两面都是正垂面，形状是直角梯形。综合以上分析，可知牛腿是一斜放的截头四棱柱。

(3)考虑位置，想出整体。由主视图和左视图可看出：底板在下，墩身在底板之上，且前后、左右居中，两牛腿在墩身右上角，前后各一个成对称分布，整体形状如图 7-21(d)所示。

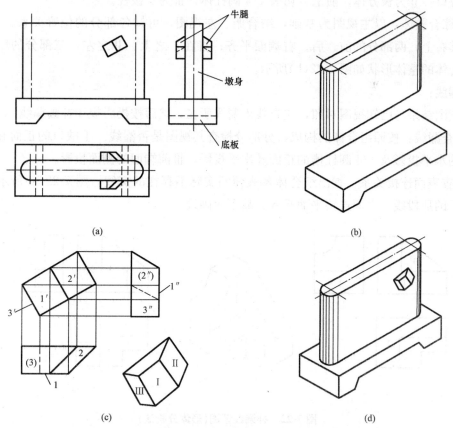

(a)

(b)

(c)

(d)

图 7-21 组合体线面分析读图

三、读图能力训练

培养和提高读图能力，首先要掌握正确的读图方法，方法正确，事半功倍。训练读图能力的方法有刻模型、画轴测图、补漏线、补视图以及进行构图设计等，其中以补漏线、补视图最为常用。

(一)补漏线

给出物体的几个视图，但图中某些重要的线条故意漏画，要求大家在看懂图的基础上，判断有无漏线，如有漏线，还应分析漏线的性质是属于面的积聚性投影、交线的投影，还是曲面轮廓素线的投影，然后将漏线补出。

【例 7-7】 如图 7-22(a)所示，补全组合体三视图中漏缺的图线。

读图：

(1)分解视图：主视图投影重叠少，反映组合体形状特征和各部分相对位置，分解得 $1'$、$2'$、$3'$ 三个线框。

(2)找全投影：根据长对正、高平齐、宽相等，找对应投影分别为 $1'-1''-1$、$2'-2''-2$、$3'-3$。

(3)想象形状：根据基本体视图的图形特征，想象各部分的形状。Ⅰ为长方体，左前方切矩形缺口；Ⅱ为长方体，前上方切去 1/4 圆柱体；Ⅲ为三棱柱。

(4)综合整体：以主视图为基础，结合俯、左视图，可知各部分的位置关系。Ⅰ在下，Ⅱ位于其右上，两部分的前、后、右端面平齐；Ⅲ在Ⅰ之上、Ⅱ之左，三部分的后端面平齐。组合体的整体形状如图 7-22(b)所示。

补漏线：

将读图结果与已知视图对照，先查找出漏线所在，然后按投影规律补画漏线。

(1)查漏线：按照组合体的构成，分部分检查其视图是否漏线。Ⅰ缺口的正面和侧面投影；Ⅱ的水平投影及 1/4 圆柱槽的正面及水平投影；Ⅲ前端面的侧面投影。

(2)查表面连接关系：查出组合体各表面间实际不存在的交线，图 7-22(c)所示主视图中打"×"的那段线，因两连接平面平齐，故不应画线。

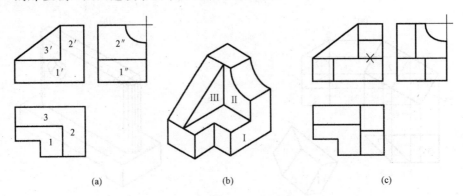

| (a) | (b) | (c) |

图 7-22　补漏线读图(形体分析法)

(3)补漏线：漏线的具体位置根据投影规律确定，漏线的线型（粗实线或虚线）取决于可见性判断的结果，所补漏线如图 7-22(c)所示。

【例 7-8】 如图 7-23(a)所示，补全组合体三视图中漏缺的图线。

读图：

(1)识读未切形体：将主视图左、右缺角补齐（图中以双点画线表示），对照俯视图和左视图，可知物体被切前为 L 形棱柱体，前部居中开矩形槽。

(2)分析被切情况：物体左右各被一正垂面（正面投影积聚为斜线）切角。被切后组合体的空间形状如图 7-23(b)所示。

补漏线：

(1)查漏线：对于此类切割式组合体，查漏线的重点是查物体表面的投影，特别是切割后所形成和残存的表面，如物体的左右端面及顶面。通过检查可以发现，它们的水平投影漏线较多；至于矩形槽，则是漏画了后表面的侧面投影。

(2)补漏线：补画物体顶面的水平投影，因其是水平面，水平投影反映实形（矩形线框），其长、宽尺寸分别由正面投影和侧面投影得到。

补画物体左、右端面的 H 面投影，它是与侧面投影对应的类似形（L 形），根据已知的正面、侧面投影，求端面六个顶点的水平投影并顺序连接即得。

补画矩形槽后表面的侧面投影，因其为不可见，故以虚线表示，位置由"宽相等"得到。

补齐后的三视图如图 7-23(c)所示。

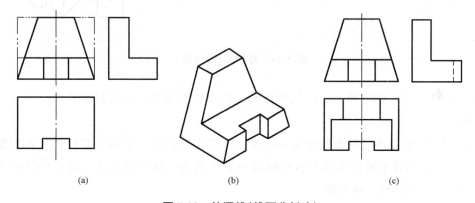

(a)　　　　　　　　　(b)　　　　　　　　　(c)

图 7-23　补漏线（线面分析法）

(二)补视图

由已知两视图补第三视图，这是培养读图能力和检查能否将图看懂的一种常用方法。

在补画视图之前，首先必须看懂已知视图，想出物体的空间形状。由于已知条件是两视图，因而不像看三视图那样容易明白，对物体的某些部分可能有多种答案，需要反复思考才能得出正确的结论，从而补出无错误的第三视图。

补画视图时，应按物体的组成部分，应用形体分析法逐步进行分析。对叠加型物体可先画局部而后合成整体；对切割型物体可先画整体，然后再进行截切。

【例 7-9】 如图 7-24(a)所示，已知组合体的主视图和俯视图，补画其左视图。

读图：

根据图 7-24(a)所示的两视图，运用形体分析法，从主视图入手，将主视图分解成 1'、2'、3'三个线框，结合俯视图，经对投影、想形体，综合得出整体形状，如图 7-24(f)所示。

补画左视图：

在读懂全图的基础上，运用投影规律逐块补画左视图，分步作图如下：

(1)补画 I 的左视图，如图 7-24(b)所示。

(2)补画 II 的左视图，如图 7-24(c)所示。

(3)补画 III 的左视图，如图 7-24(d)所示。

(4)检查、描深。物体 II、III 两部分叠加后成为一整体，该范围内 II 的原有分界面已不存在，即图 7-24(e)中 a''、b'' 间应无虚线，擦去此线并按规定线型描深其余图线，所补左视图如图 7-24(e)所示。

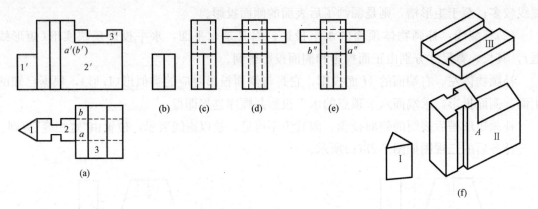

图 7-24　补视图(叠加型)

【例 7-10】　如图 7-25 所示，已知物体的主视图和左视图，补画俯视图。

读图：

图 7-25 所示左视图的外形轮廓为一梯形，可以先看成是一个梯形棱柱体。再根据主视图分析，可以看出梯形棱柱体的左右两端被一水平面和一侧平面切去一块；中部由两个正垂面和一个水平面切成一梯形槽。

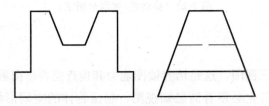

图 7-25　补视图(切割型)

补画俯视图：

(1)先做完整梯形棱柱体的俯视图，如图 7-26(a)所示。

(2)根据主视图、左视图，作左右两个水平截面的水平投影，如图 7-26(b)所示。

(3)作中部梯形槽口，根据主视图和左视图，求出俯视图中各对应点，如图7-26(c)所示。

(4)连接所求各点，即得切割后梯形棱柱体的俯视图，如图7-26(d)所示。

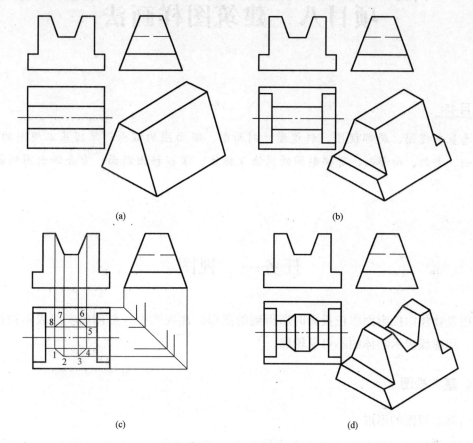

(a)　　　　　　　　　　　　　(b)

(c)　　　　　　　　　　　　　(d)

图7-26　作图过程

![小结]

本项目主要介绍了组合体视图的画法、组合体视图的尺寸标注、组合体视图的阅读方法等，通过学习，要求掌握如下内容：

(1)了解组合体是由基本体组合而成的。

(2)组合体的组合形式有叠加式、切割式和综合式，组合体各部分的表面连接方式有相贴、相切和相交。

(3)能用形体分析法正确绘制组合体视图。

(4)对组合体视图进行尺寸标注时，要做到正确、完整、清晰、合理。

(5)会用形体分析法和线面分析法正确识读组合体视图。

项目八　建筑图样画法

学习目标

熟悉基本视图、局部视图、斜视图、剖面图、断面图的概念；掌握基本视图的配置；掌握全剖、半剖、局部剖、阶梯剖图的画法及标注；掌握移出断面、重合断面图的画法及标注。

任务一　视图

视图是物体向投影面作正投影时所得到的图形。在视图中一般用粗实线表示物体的可见轮廓，用虚线表示物体的不可见轮廓。

一、基本视图

(一)基本视图的形成

制图标准规定用正六面体的六个面作为六个基本投影面，分别记作 H、V、W、H_1、V_1、W_1，将物体放在其中，分别向六个基本投影面投影，即得到物体的六个基本视图。六个基本视图的名称及投射方向如下：

(1)正立面图：自前向后投射所得到的投影图。

(2)平面图：自上向下投射所得到的投影图。

(3)左侧立面图：自左向右投射所得到的投影图。

(4)底面图：自下向上投射所得到的投影图。

(5)右侧立面图：自右向左投射所得到的投影图。

(6)背立面图：自后向前投射所得到的投影图。

六个基本投影面的展开方法如图 8-1 所示。正立投影面不动，其余各投影面按图示方向旋转至与正立投影面共面，展开后，六个基本视图的位置关系如图 8-2(a)所示。

在实际工程中，一般不需要画出六个基本视图，而是根据物体的形状特点，选择其中的几个基本视图来表达物体的形状。

【特别提示】　正立面图应尽量反映物体的形状特征，在完整清晰地表达物体特征的情况下，视图数量越少越好。

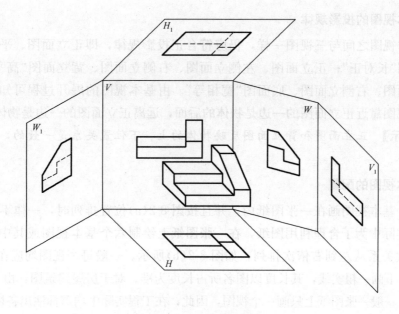

图 8-1　基本视图的展开

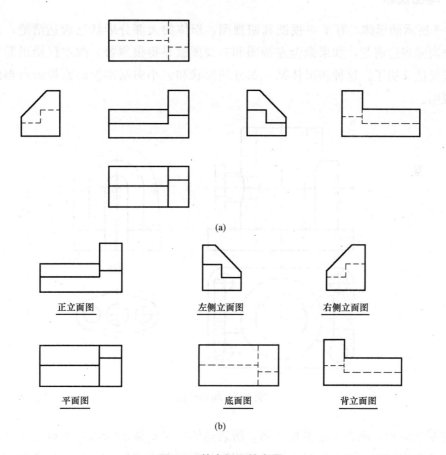

(a)

正立面图　　　左侧立面图　　　右侧立面图

平面图　　　底面图　　　背立面图

(b)

图 8-2　基本视图的布置

(二)基本视图的投影规律

六个基本视图之间与三视图一样，仍应符合正投影规律，即正立面图、平面图、背立面图、底面图"长对正"；正立面图、左侧立面图、右侧立面图、背立面图"高平齐"；平面图、左侧立面图、右侧立面图、底面图"宽相等"。由基本视图的展开过程可知，除背立面图外，其他视图靠近正立面图的一边是物体的后面，远离正立面图的一边是物体的前面。

【特别提示】 正立面图和背立面图反映物体的上、下位置关系是一致的，但左、右位置恰恰相反。

(三)基本视图的配置

如果六个基本视图画在一张图纸内，并且按图 8-2(a)位置排列时，一律不标注视图名称。在工程实际中为了合理利用图纸，在一张图纸上绘制六个基本视图或其中几个时，其位置宜按主次关系从左到右依次排列，如图 8-2(b)所示。一般每个视图均应在下方标注图名，并在图名下画一粗实线，其长度以图名所占长度为准。对于房屋建筑图，由于图形较大，受图幅限制，一般一张图纸上只画一个视图，因此，在工程实际中均需标注出各视图的名称。

二、局部视图

图 8-3 所示的形体，有了主视图和俯视图，形体的大部分形状已表达清楚，只有两个凸台部分尚未表达清楚，如果画全左视图和右视图就显得很累赘。图中仅画出需要表达的部分，既简洁又明了。这种将形体某一部分的形状和大小向基本投影面投影所得的视图称为局部视图。

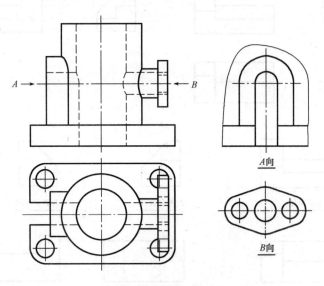

图 8-3 局部视图

局部视图的投影面仍为基本投影面，所表达的只是形体的局部，不画的部分用波浪线断开，这样既省图面又省工作量。但局部视图依附于基本视图，所以，局部视图和基本视图比例相同。

画局部视图时应注意以下事项：

(1)必须用带字母的箭头在基本视图上标明局部视图的位置和投影方向，并在局部视图的下方注写相同字母的"×向"名称。

(2)局部视图有明显的轮廓线，以轮廓线为界，否则以波浪为界。波浪线不能超出轮廓线。

(3)局部视图一般配置在箭头所指的方向上，如果配置不下或有其他原因，可移到图纸的任何位置，标明名称即可。

(4)局部视图按投影位置配置，中间没有其他视图隔开，可以省略标注。

三、斜视图

需要表达的形体具有倾斜的结构表面时，在基本投影面上不能表达其真实形状，就需要用斜视图表达。

斜视图的投影面是与需要表达的结构表面平行的辅助面，物体投影到辅助面上得到的视图称为斜视图。

绘制斜视图时应注意以下问题：

(1)斜视图的标注方法与局部视图相同，只是箭头应垂直于辅助投影面，而且字母必须水平书写，如图 8-4(a)所示。

(2)斜视图也应配置在箭头所指的方向和位置上，按"长对正、高平齐、宽相等"绘制，如果按指定位置配置有问题，可移到图纸的任何位置，如图 8-4(b)所示；必要时也可旋转，标注时应在上方或下方注写"×向旋转"，如图 8-4(c)所示。

(3)斜视图只表达倾斜部分的形状，其余部分不必画出，以波浪线为界。

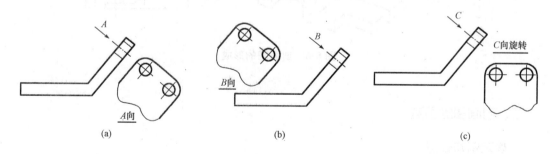

(a)　　　　　　　　　(b)　　　　　　　　(c)

图 8-4　斜视图

任务二　剖面图

物体的视图主要表示物体的外部形状。当物体的内部结构比较复杂时，视图中往往会出现较多的虚线，使得图面虚实线交错，影响视图的清晰度，造成层次不清，给读图和尺寸标注带来不便，如图 8-5 所示。为了清楚地表示物体的内部构造，工程上通常用不带虚线的剖面图来代替视图。

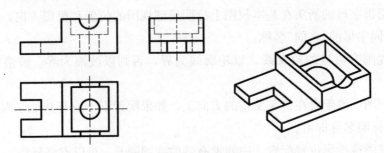

图 8-5　带有虚线的视图

一、剖面图的概念

假想用一个平行于投影面的剖切平面把物体剖开，将位于观察者和剖切平面之间的部分移去，其余部分向投影面作投影，所得到的图形称为剖面图，简称为"剖面"，如图 8-6 所示。剖面图用于表示物体的内部结构，是工程实际中广泛采用的一种图样。

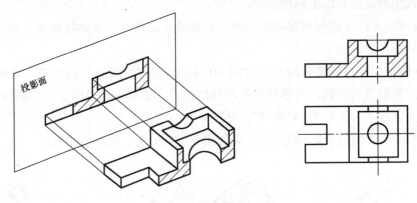

图 8-6　剖面图的形成

二、剖面图的画法

1. 确定剖切位置

为了表达物体内部结构的真实形状，剖切面一般应平行于投影面，且与物体内部结构的对称面或轴线重合。图 8-6 中剖切平面既平行于投影面，又通过物体前、后方向的对称平面。

2. 画剖面图轮廓线

剖切位置确定之后，即可将物体切开，移走观察者与剖切平面之间的部分，投影的是剖切平面之后的部分。它包括两项内容：一项是剖切平面与物体接触的切断面；另一项是断面后的可见轮廓。

先画剖切面与物体接触部分的轮廓线，然后再画剖切面后可见轮廓线。在剖面图中凡剖切面切到的剖面轮廓以及剖切面后的可见轮廓，都用粗实线画出。

3. 画剖面材料符号

剖切平面与物体接触的切断面称为断面，国家标准规定在断面上应画出该物体的材料符号，如图 8-6 所示。这样便于想象出物体的内、外形状，分清物体内部结构的层次，并可区别于视图。

三、剖面图的标注

为了说明剖面图与有关视图之间的投影关系，便于读图，剖面图一般应加以标注。标注中应注明剖切位置、投影方向和剖面图的名称，如图 8-7 所示。

1. 剖切符号

剖切符号由剖切位置线和投影方向线组成。剖切位置线用粗实线绘制，长度宜为 6～10 mm，剖切位置线不与物体轮廓线接触；投影方向线也用粗实线绘制，长度宜为 4～6 mm，投影方向线垂直地画在剖切位置线的外侧，指向投影方向。

2. 剖切符号的编号

剖切符号的编号用阿拉伯数字或拉丁字母表示，注写在剖面图投影方向线的端部，水平书写。若有多个剖面图，应按顺序由左到右、由上到下连续编号。

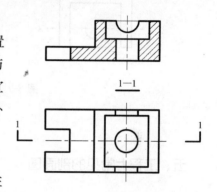

图 8-7　剖面图的标注

3. 剖面图的名称

剖面图的名称与剖切符号的编号相对应，如"A—A"或"1—1"，并在剖面图名称下画粗实线，注写在剖面图下方。

以上三项内容都标出，称为全标注。

四、画剖面图应注意的问题

(1)剖切是假想的。剖面图是把物体假想"切开"后所画的图形，而物体实际上是完整的，因此，除剖面图外，其余视图仍应完整画出。

(2)不能漏线。剖面图中不仅要画出断面部分的形状，还需画出剖切平面之后的可见轮廓线，应特别注意防止漏线，如图 8-8 所示。

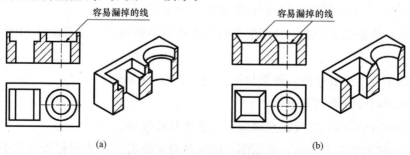

容易漏掉的线　　　　容易漏掉的线

(a)　　　　　　　　　(b)

图 8-8　剖面图中容易漏画的图线

（3）正确绘制剖面材料符号。在剖面图上画剖面材料符号时，应注意同一物体各剖面图上的材料符号要一致，即斜线方向一致、间距相等，如图8-9所示。

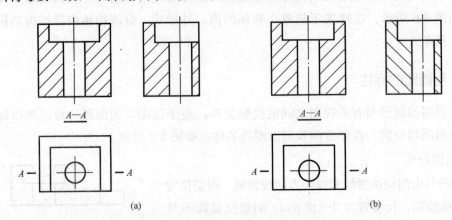

$A-A$

图8-9　同一物体剖面材料符号的画法
（a）正确；（b）错误

五、工程上常见的剖面图

（一）全剖面图

用一个剖切平面将物体完全剖开所得到的剖面图，称为全剖面图。全剖面图通常用于表达外形简单、内部结构较为复杂的物体。

（1）全剖面图的标注如图8-7所示，由剖切符号、剖切符号编号和剖面图名称组成。

（2）当剖面图按投影关系进行配置，中间又没有其他视图隔开时，可省去投影方向线，如图8-10中的$A-A$剖面图。

（3）如果剖切平面经过物体的对称平面，且剖面图按投影关系配置，可省略标注，如图8-10中的左视图。

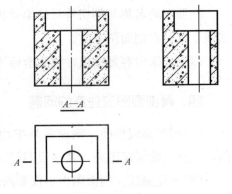

$A-A$

图8-10　省略标注

（二）半剖面图

当物体具有对称平面时，以对称线为界，一半画成视图，另一半画成剖面图，这种组合的图形称为半剖面图，如图8-11中的$2-2$剖面图所示。

半剖面图主要用于表达内、外形状都比较复杂的对称物体。

画半剖面图时应注意以下事项：

（1）视图和剖面图的分界线是点画线，不能用其他线条。

（2）当对称线为竖直方向时，剖面图一般画在对称线右侧；当对称线为水平方向时，剖面图一般画在对称线下方。

(3)在半剖面图中虚线一般均省略不画。

(4)当物体的对称面上有结构(内、外结构)轮廓线时，不宜作半剖面。

(5)半剖面图的标注与全剖面图相同。

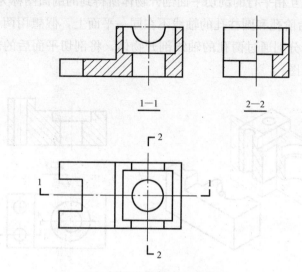

1—1   2—2

图 8-11　全剖面图和半剖面图

(三)局部剖面图

假想用剖切平面局部地剖开物体所得的剖面图，称为局部剖面图，如图 8-12 所示。局部剖面图主要用于表达物体的局部内部结构或不宜采用全剖面图或半剖面图的地方(孔、槽等)。

图 8-12　局部剖面图

局部剖面图中被剖切部分与未被剖切部分的分界线用波浪线表示。波浪线不能和图形上的其他线重合，不应超出剖开部分的外形轮廓线，波浪线不能穿孔、穿槽而过，如图 8-13 所示。

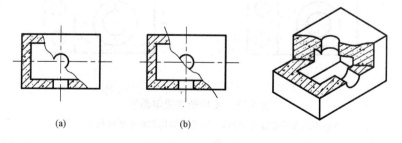

(a)　　　　　　(b)

图 8-13　波浪线画法

(a)正确；(b)错误

当采用单一剖切平面，且剖切位置明显时，局部剖面图的标注可以省略。

(四)阶梯剖面图

用两个或两个以上互相平行的剖切平面剖开物体所得到的剖面图称为阶梯剖面图。

如图8-14所示，台阶孔和圆柱孔的轴线不在同一平面上，假想用两个平行于基本投影面(正立面)的剖切平面分别通过两孔的轴线剖开物体，将剖切平面后的部分按全剖面的方法画出，即得阶梯剖面图。

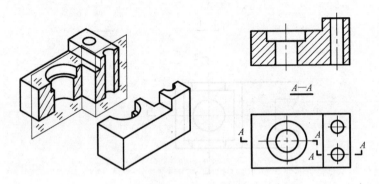

图8-14 阶梯剖面图

画阶梯剖面图时应注意以下事项：

(1)剖切平面的转折处不应与视图中的轮廓线重合，如图8-15(a)所示；在剖面图上不应画出两剖切平面转折处的投影，如图8-15(b)所示。

(2)阶梯剖面图必须进行标注，标注方法是：在视图上画出剖切位置线和转折线，在剖切位置线的最外端画出投影方向线，并注写剖切符号的编号，在剖面图下方标注名称"×—×"，如图8-15所示。当剖切位置明显时，转折处允许省略字母；当剖面图按投影关系配置，中间又无其他图形隔开时，可省略投影方向线。

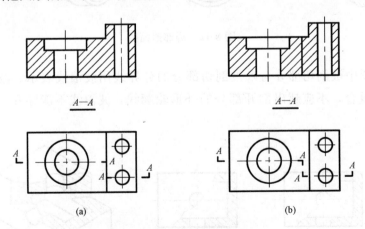

图8-15 阶梯剖的错误画法

(a)不应在轮廓线处转折；(b)不应画出剖切平面转折处投影

任务三　断面图

一、断面图的概念

假想用剖切平面将物体"切开"后，仅画出剖切平面与物体接触部分的图形，并画上剖面材料符号，这种图形称为断面图。

断面图常用于表达建筑物中梁、板、柱的某一部位的断面形状，也用于表达建筑形体的内部形状。为了表示断面实形，剖切平面一般应垂直于物体结构的主要轮廓线。

断面图与剖面图的区别如下：

(1)断面图只画出形体被剖开后断面的投影，而剖面图要画出形体被剖开后整个余下部分的投影。

(2)断面图只是一个截口的投影，是面的投影；而剖面图是被剖开形体的投影，是体的投影。被剖开的形体必有一个截口，所以剖面图必然包含断面图在内。

(3)标注不同。断面图的剖切符号只画出剖切位置线，不画投影方向线，而用编号的注写位置来表示投影方向。编号写在剖切位置线下侧，表示向下投射；注写在左侧，表示向左投射，如图 8-16 所示。

(4)断面图中的剖切平面不可转折，剖面图中的剖切平面可转折。

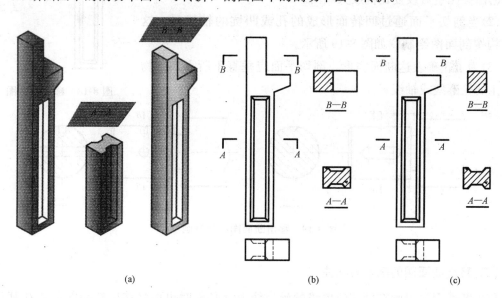

(a)　　　　　　　　　　　　(b)　　　　　　　　　　　　(c)

图 8-16　断面图与剖面图的区别

(a)剖切平面位置；(b)剖面图；(c)断面图

断面图主要用于表达形体或构件的断面形状，根据其位置不同，一般可分为移出断面和重合断面两种形式。

二、移出断面

移出断面是指将断面图画在视图以外适当位置，如图 8-17 所示。

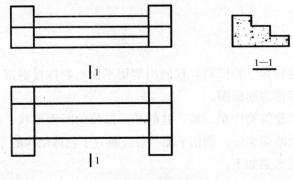

图 8-17　移出断面

(一)移出断面图的画法

移出断面图的轮廓线用粗实线。画移出断面图时，应注意以下几点：

(1)在一个形体上需作多个断面图时，可按次序依次排列在视图旁边，尽量画在剖切位置线的延长线上，如图 8-18 所示。必要时断面图也可改变比例放大画出。

(2)当剖切平面通过回转面形成的孔或凹坑的轴线时，这些结构按剖面图绘制，如图 8-19 所示。

(3)为了正确表达断面实形，剖切平面应垂直于所需表达物体的主要轮廓线或轴线。

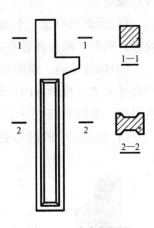

图 8-18　移出断面图

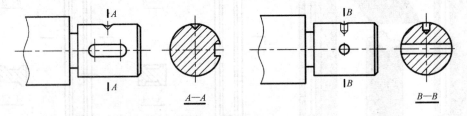

图 8-19　移出断面图的特殊画法

(二)移出断面图的配置与标注

移出断面图尽量画在剖切位置线的延长线上，必要时也可将移出断面图配置在其他适当的位置。

(1)移出断面图配置在剖切位置线的延长线上。若图形对称，可不标注，如图 8-20(a)所示；若图形不对称，应标注剖切位置线和编号，投影方向用编号的注写位置表示，如图 8-20(b)所示。

（2）移出断面图配置在视图轮廓线的中断处，若图形对称，则不需标注，如图 8-20（c）所示。

（3）移出断面图配置在图纸的其他位置。标注与剖面图基本相同，但不画投影方向线，编号应注写在剖切后的投影方向一侧，如图 8-20（d）所示。

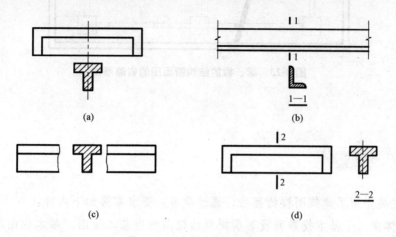

图 8-20　移出断面的标注

三、重合断面

重合断面是指画在视图之内的断面图，如图 8-21 所示。

（一）重合断面图的画法

（1）重合断面图的轮廓线规定用细实线绘制。

（2）当视图中的轮廓线与重合断面图重合时，视图中的轮廓线仍需完整地画出，不可断开。

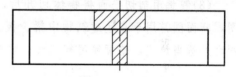

图 8-21　重合断面

（二）重合断面图的配置与标注

（1）对称的重合断面可不标注，如图 8-22（a）所示。

（2）重合断面不对称时，应标注剖切位置线，并用编号的位置表示投影方向，如图 8-22（b）所示。

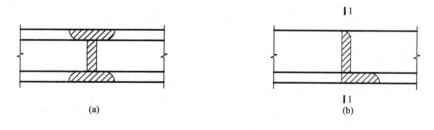

图 8-22　重合断面的标注

（3）梁板的断面图画在其结构平面布置图内时，断面涂黑，可省略标注，如图 8-23 所示。

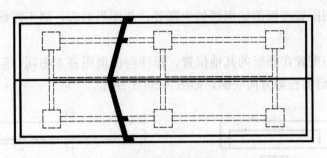

图 8-23　梁、板的结构断面图的省略画法

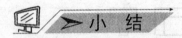

小　结

本项目主要介绍了建筑图样的画法,通过学习,要求掌握如下内容:

(1)将物体向六个基本投影面投影所得到的视图叫作基本视图。基本视图符合"长对正,高平齐,宽相等"的投影规律;将形体某一部分向基本投影面投影所得到的视图称为局部视图;将物体投影到辅助投影面上所得到的视图称为斜视图。

(2)假想用平行于投影面的剖切平面,将物体剖开后投影所得到的图形称为剖面图。全剖通常用于表达内部结构复杂、外形简单的物体;半剖主要用于表达内、外形状都比较复杂的对称物体;阶梯剖适用于表达内部结构不在同一平面内的物体。

(3)假想用剖切平面将物体切开后,仅画出剖切平面与物体接触部分的图形称为断面图,断面图常用于表达建筑物中梁、板、柱的某一部位的断面形状。移出断面图绘制在视图之外适当位置,轮廓线用粗实线;重合断面图绘制在视图之内,轮廓线用细实线。

项目九　钢筋混凝土结构图

学习目标

熟悉钢筋混凝土结构的基本知识；掌握钢筋混凝土结构图的图示内容和图示方法，正确识读钢筋混凝土梁、柱结构图；了解钢筋混凝土构件平面整体表示方法。

任务一　钢筋混凝土结构的基本知识

一、钢筋混凝土结构简介

混凝土是将水泥、石子、砂和水按一定比例组合，经拌和凝固而成的人工石料。混凝土的抗压强度较高，其强度可分为：C15、C20、C25、C30、C35、C40、C45、C50、C55、C60、C65、C70、C75、C80 共 14 个等级。其中，数字表示混凝土的强度等级，数字越大，抗压强度越高。但混凝土的抗拉、抗折强度偏低，一般仅为抗压强度的 1/10～1/20，因此，混凝土构件在受到弯、折应力作用时容易断裂。

为了提高构件的抗拉强度，在混凝土构件的受拉区域加入一定数量的钢筋，使两种材料粘结成一个整体，共同承受外力。这种配用钢筋的混凝土，称为钢筋混凝土。用钢筋混凝土制作成的梁、板、柱、基础等构件，称为钢筋混凝土构件，如图 9-1 所示。

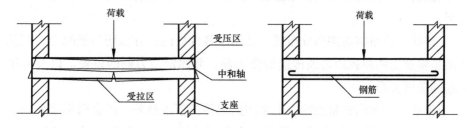

图 9-1　钢筋混凝土梁受力示意图

钢筋混凝土构件按制作工艺不同，可分为现浇钢筋混凝土构件和预制钢筋混凝土构件。前者指在建筑工地现场浇筑；后者指在工厂先预制好，再运到现场吊装。为了进一步提高构件的抗拉能力和抗裂性能，在构件制作过程中，可以先将钢筋张拉，给构件施加一定的压力，形成预应力钢筋混凝土构件。

二、钢筋的符号

目前，我国钢筋混凝土和预应力钢筋混凝土中常用的钢筋主要有热轧钢筋、冷拉钢筋、热处理钢筋和钢丝四大类。其中，热轧钢筋是建筑工程中用量最大的钢筋，主要用于钢筋混凝土结构和预应力钢筋混凝土结构中的配筋，又称普通钢筋。钢筋有光圆钢筋和带肋钢筋之分，热轧光圆钢筋的牌号为 HPB300，常用带肋钢筋的牌号有 HRB335、HRB400、HRB500，其强度、符号、规格详见表 9-1。

表 9-1　普通钢筋的强度、符号及规格

种类	符号	直径/mm	强度/MPa
热轧钢筋	HPB300　Φ	8～20	300
	HRB335　Φ	6～50	335
	HRB400　Φ	6～50	400
	HRB500　Φ	6～50	500

三、钢筋的分类和作用

钢筋混凝土中的钢筋，有的是因为受力需要而配置的，有的则是因为构造需要而配置的。这些钢筋的形状及作用各不相同，一般可分为以下几种：

(1)受力钢筋(主筋)。在构件中以承受拉应力和压应力为主的钢筋称为受力钢筋，简称受力筋。受力筋适用于梁、板、柱等各种钢筋混凝土构件中，在梁、板中的受力筋，按形状可分为直筋和弯起筋，按受力情况可分为正筋(拉应力)和负筋(压应力)。

(2)箍筋。箍筋是为固定受力筋、架立筋的位置所设的钢筋，并承受一部分斜拉应力(剪应力)，箍筋一般适用于梁和柱中。

(3)架立钢筋。架立钢筋又叫作架立筋，用以固定梁内钢筋的位置，将受力钢筋和箍筋绑扎成骨架。

(4)分布钢筋。分布钢筋简称分布筋，适用于各种板内。分布筋与板的受力钢筋垂直设置，其作用是将承受的荷载均匀地传递给受力筋，并固定受力筋的位置，以及抵抗由热胀冷缩所引起的温度变形。

(5)其他钢筋。其他钢筋是指除以上常用的四种类型钢筋外，还会因构造要求或施工安装需要而配置的构造钢筋。如腰筋，适用于高断面的梁中；预埋锚固筋，适用于钢筋混凝土柱中，与墙砌在一起，起拉结作用，又称拉结筋；吊环，在吊装预制构件时使用。

各种钢筋在梁、板中的位置及形状如图 9-2 所示。

四、钢筋的弯钩

为了防止钢筋在受力时滑动，光圆钢筋端部应设置弯钩，以增强钢筋与混凝土的粘结

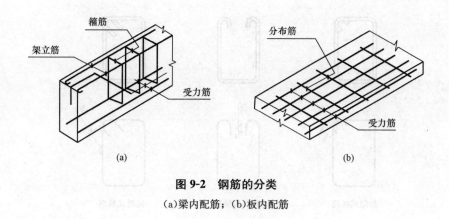

图 9-2　钢筋的分类

(a)梁内配筋；(b)板内配筋

力。钢筋端部的弯钩有直弯钩、半圆弯钩和135°弯钩三种形式，如图 9-3 所示。图中双点画线表示弯钩伸直后的长度，弯钩的大小由钢筋直径确定，半圆弯钩需增加长度为 $6.25d$。即直径为 20 mm 的钢筋，其弯钩长度为 $6.25\times20＝125$ mm，一般取 130 mm。

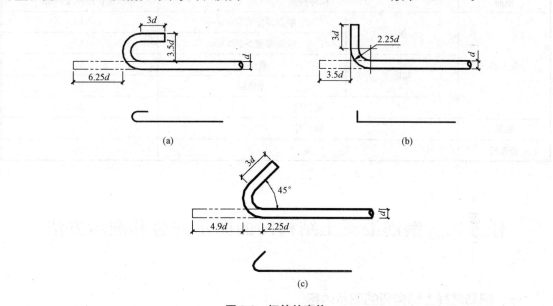

图 9-3　钢筋的弯钩

(a)半圆弯钩；(b)直弯钩；(b)135°弯钩

根据箍筋在构件中作用的不同，箍筋可分为封闭式、开口式和抗扭式三种，如图 9-4所示。封闭式和开口式箍筋弯钩的平直部分长度同半圆弯钩一样。抗扭式箍筋弯钩的平直部分长度按设计确定，有抗震设计要求的箍筋应采用抗扭箍筋。

五、钢筋的保护层

为了防止钢筋锈蚀，并且加强混凝土与钢筋的粘结力，钢筋不应外露。钢筋外皮与构件表面之间留有一定厚度的混凝土，称为钢筋的保护层。各类构件的保护层厚度见表 9-2。

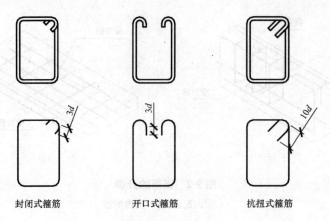

封闭式箍筋   开口式箍筋   抗扭式箍筋

图 9-4　箍筋的弯钩

表 9-2　钢筋的保护层厚度

钢筋	构件种类		保护层厚度/mm
受力筋	板	断面厚度≤100 mm	10
		断面厚度>100 mm	15
	基础	有垫层	35
		无垫层	70
	梁、柱		25
钢箍	梁、柱		15
分布筋	板		10

任务二　钢筋混凝土结构图的图示内容和图示方法

一、钢筋混凝土结构图的图示内容

钢筋混凝土结构图包括模板图、配筋图、预埋件图和钢筋明细表。钢筋混凝土结构图充分表达了钢筋混凝土结构的外形、尺寸，钢筋的配置、预埋件和预留孔洞的大小和位置。在建筑结构中，主要钢筋混凝土构件为梁、板、柱。

1. 模板图

模板是钢筋混凝土工程中重要的施工工具，模板应按照模板图的设计要求制作，以使钢筋混凝土构件按规定的几何尺寸和位置成型。为了保障施工安全与施工质量、加快施工速度和降低工程成本，应合理选用模板结构。

模板图就是钢筋混凝土构件的外形图，是模板制作和安装的主要依据。模板图表明钢筋混凝土构件的外部形状以及预埋件和预留孔洞的位置、标高与吊点位置等。结构形状复杂的构件应单独画模板图。

2. 配筋图

配筋图是钢筋混凝土结构图中的重要图样，它是构件施工、钢筋下料以及绑扎钢筋骨架的主要依据。配筋图不仅表达构件的外部形状和尺寸，而且还表达钢筋在构件中的位置、形状、数量、直径和规格等。绘图时可假想钢筋混凝土构件为透明体，将钢筋混凝土构件中钢筋的配置情况投影成图。配筋图一般包括平面图、立面图、断面图和钢筋样图（钢筋表）等。

3. 预埋件图

在钢筋混凝土构件施工和运输时，需要对钢筋混凝土构件进行吊装和连接，这就需要在制作构件时，将一些铁件连接在钢筋骨架上，浇筑完混凝土后，使其一部分伸出到钢筋混凝土构件的表面外，这就叫作预埋件。预埋件在其他图形中应表示出位置，自身用预埋件详图来表达。

4. 钢筋明细表

钢筋明细表应表明构件的编号、钢筋的编号、形状尺寸、规格尺寸、设计长度、根数、重量等。

二、钢筋混凝土结构图的图示方法

钢筋混凝土结构图的图示方法，应根据钢筋混凝土构件的具体特征，主要采用钢筋混凝土构件平面图、立面图和断面图等。

为了清楚地表示出构件的立面图和断面图，假想构件是透明的，即可在立面图上看到钢筋的立面形状和上、下布置情况；在断面图上看到钢筋的布置情况、箍筋的形状及与其他钢筋的关系。一般在构件断面形状或钢筋数量、位置有变化时，均应画出断面图，通常在支座和跨中做出剖切，并在立面图上标出剖切位置。立面图和断面图上都应标出钢筋编号、数量、直径和间距，且应保持一致。

(一)图线的规定

在表达钢筋混凝土构件的配筋图时，为了突出钢筋的布置情况，标准规定：构件的外形轮廓用细实线绘制，构件中配置的钢筋用单根粗实线绘制，钢筋的断面用黑圆点表示，且在构件的断面图中，不绘制钢筋混凝土的材料图例。钢筋的图例见表 9-3。

表 9-3　钢筋的图例

序号	名称	图例	说明
1	钢筋横断面	●	
2	无弯钩的钢筋端部	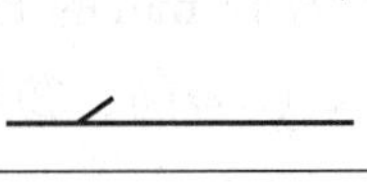	下图表示长、短钢筋投影重叠时，短钢筋的端部用 45°斜线表示
3	带半圆形弯钩的钢筋端部		

序号	名称	图例	说明
4	带直弯钩的钢筋端部		
5	带丝扣的钢筋端部		
6	无弯钩的钢筋搭接		
7	带半圆弯钩的钢筋搭接		
8	带直钩的钢筋搭接		
9	花篮螺丝钢筋接头		
10	机械连接的钢筋接头		用文字说明机械连接的方式(如冷挤压或直螺纹等)

(二)钢筋的编号

在钢筋混凝土构件的配筋图中,为了区分各种类型的钢筋,钢筋必须编号。标准规定:同类型钢筋(形状、规格、级别、长度一样)只编一个号,编号用阿拉伯数字注写在直径为 6 mm 的圆内,圆和引出线均为细实线;编号顺序一般为自下而上,自左至右,先主筋后分布筋。

除对同种类型的钢筋进行编号外,还应在引出线上注明该种钢筋的根数、规格、直径和间距,如图 9-5 所示。

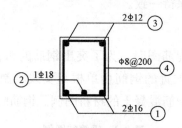

图 9-5 钢筋编号示意图

图 9-5 中,①号筋是两根直径为 16 mm 的 HRB335 级钢筋;②号筋是一根直径为 18 mm 的 HRB335 级钢筋;③号筋是两根直径为 12 mm 的 HRB335 级钢筋;④号筋是直径为 8 mm、间距 200 mm 的 HPB300 级钢筋。其中,①号筋、②号筋为受力筋,③号筋为架立筋,④号筋为箍筋。

(三)钢筋的画法

为了将钢筋混凝土结构中各种钢筋表达清楚,《建筑结构制图标准》(GB/T 50105—

2010)中规定了钢筋的画法，见表9-4。

表9-4 钢筋的画法

序号	说　　明	图　　例
1	在结构楼板中配置双层钢筋时，底层钢筋的弯钩应向上或向左，顶层钢筋的弯钩则向下或向右	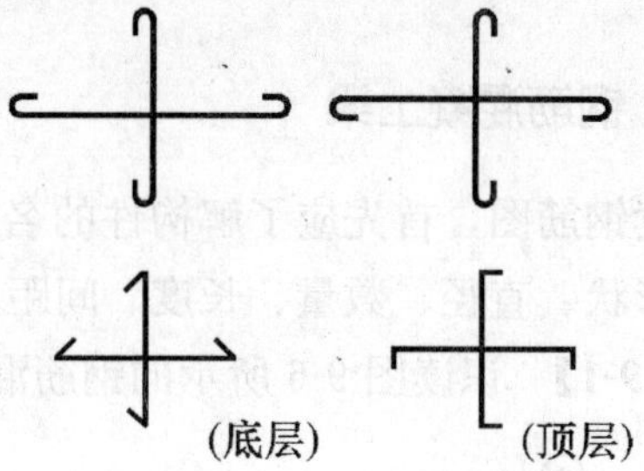 （底层）　　　　（顶层）
2	钢筋混凝土墙体配双层钢筋时，在配筋立面图中，远面钢筋的弯钩应向上或向左，而近面钢筋的弯钩向下或向右(JM 近面；YM 远面)	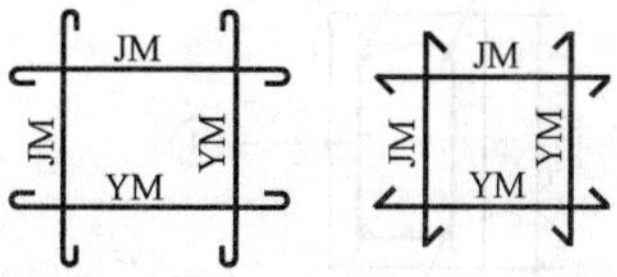 JM　YM
3	若在断面图中不能表达清楚的钢筋布置，应在断面图外增加钢筋大样图(如钢筋混凝土墙、楼梯等)	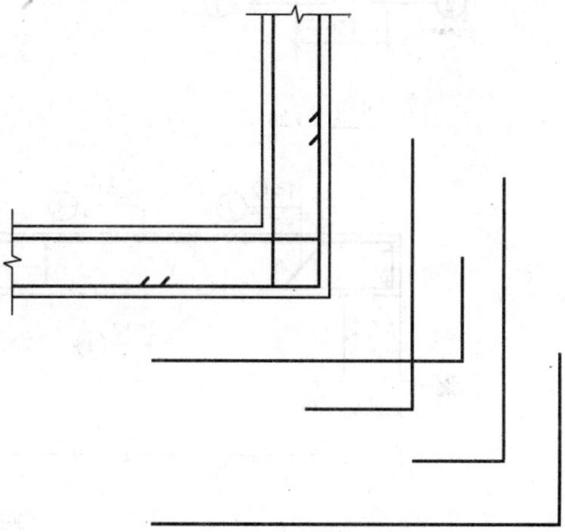
4	图中所表示的箍筋、环筋等若布置复杂时，可加画钢筋大样及说明	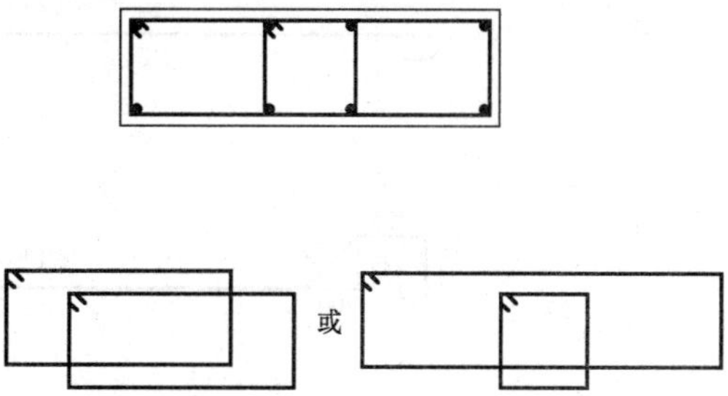 或
5	每组相同的钢筋、箍筋或环筋，可用一根粗实线表示，同时用一根两端带斜短画线的横穿细线，表示其余钢筋及起止范围	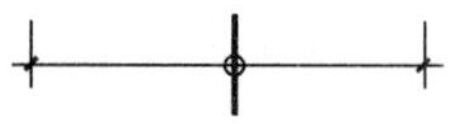

【**特别提示**】　掌握钢筋的编号与规定画法，为钢筋混凝土结构图的正确识读打下基础。

任务三 钢筋混凝土结构图的识读

一、钢筋混凝土梁

识读钢筋图，首先应了解构件的名称、作用和外形，然后对照图表弄清楚各种钢筋的规格、形状、直径、数量、长度、间距及位置，并注意图中说明，以便按图施工。

【例 9-1】 识读图 9-6 所示的钢筋混凝土承重梁。

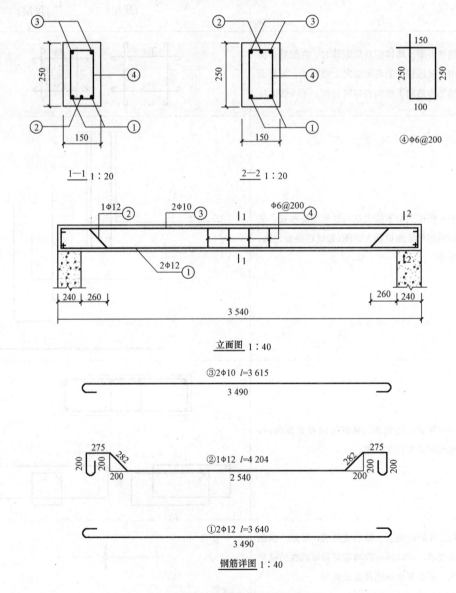

图 9-6 钢筋混凝土承重梁

钢筋明细表

部位	编号	直径/mm	形式	单根长/mm	根数	总长/m	备注
梁	①	φ12		3 640	2	7.280	
	②	φ12		4 204	1	4.204	
	③	φ10		3 615	2	7.230	
	④	φ6		700	18	12.600	

图 9-6 钢筋混凝土承重梁(续)

(1)概括了解。图 9-6 所示为某钢筋混凝土承重梁的配筋立面图、1—1 断面图和 2—2 断面图。另外,还给出了钢筋详图和钢筋明细表。梁的外形尺寸为长 3 540 mm、宽 150 mm、高 250 mm,主筋保护层厚度为 25 mm,横断面为矩形,梁的两端有支座。本图用两种比例绘制,立面图和钢筋详图用 1:40 绘制,断面图用 1:20 绘制,这样图看上去比较协调。

(2)弄清楚各种钢筋的规格、形式、数量和位置。这是识读的重点,方法是由钢筋的编号看起,顺指引线查找钢筋的投影(立面图、断面图等)。由立面图可知各种钢筋的编号及其纵向位置、弯起筋的弯起部位、箍筋的排列及其间距等。

1—1 断面表达梁中间段钢筋的配置情况。①号筋是直径为 12 mm 的 HPB300 级钢筋,数量为两根,设在梁的下部两角处;②号筋是直径为 12 mm 的 HPB300 级钢筋,数量为一根,设在梁的下部中间。这两种钢筋均为受力筋。③号筋是直径为 10 mm 的 HPB300 级钢筋,数量为两根,设在梁的上部两角处,为架立钢筋。④号筋是直径为 6 mm 的 HPB300 级钢筋,它在断面图中是绕五个圆点的矩形线框,为箍筋,间距为 200 mm。

2—2 断面表达梁两端钢筋的配置情况,它与 1—1 断面不同之处是:②号钢筋的位置到了梁的上部,再结合立面图可知,②号钢筋在距离支座 500 mm 处斜向上弯,到梁端又铅垂弯向梁底,有半圆形弯钩。①、③号钢筋是直筋(各断面图中四个黑圆点位置不变),两端也是半圆形弯钩。

将以上分析所得四种钢筋的情况,结合钢筋详图,可进一步看清每种编号钢筋的形状和尺寸。

①号钢筋的长度应该是梁的长度减去两端保护层厚度,再加上两个弯钩的长度。①号钢筋为光圆钢筋,因此,一个弯钩的长度为 6.25d,即 6.25×12=75(mm),所以①号钢筋的长度为 3 540+75×2-25×2=3 640(mm)。

②号钢筋也为光圆钢筋,一个弯钩的长度为 6.25d,计算方法如图 9-6 所示,即(200+275+282+6.25×12)×2+2 540=4 204(mm)。

③号钢筋长度与①号钢筋的计算方法相同,一个弯钩的长度为 6.25d,即 6.25×10=62.5(mm),③号钢筋长度为 3 540+62.5×2-25×2=3 615(mm)。

④号钢筋长度为 $250+150+200+100=700(mm)$。

(3)检查、核对、综合想象。依据读图所得的各种钢筋的形状、尺寸、数量等，再与钢筋表逐根逐项地进行核对，最后按各种钢筋的间距以及各种钢筋在构件中的相对位置，综合想象出混凝土承重梁内钢筋的配置情况。

二、钢筋混凝土柱

钢筋混凝土柱的图示方法与钢筋混凝土梁基本相同，对于比较复杂的钢筋混凝土柱，除画出构件的立面图和断面图外，还需画出模板图。

【例 9-2】 识读图 9-7 所示的现浇钢筋混凝土柱配筋图。

分析：

从立面图和断面图中可以看出，柱的下部与基础相连，上部与梁 L3 连接在一起。柱的横断面为正方形，断面尺寸为 350 mm×350 mm。受力钢筋是 4 根直径为 22 mm 的 HRB335 级钢筋，配置在柱的四角；箍筋是直径为 6 mm 的 HPB300 级钢筋，与基础连接部分为加密区，间距为 100 mm，其余为非加密区，间距为 200 mm。

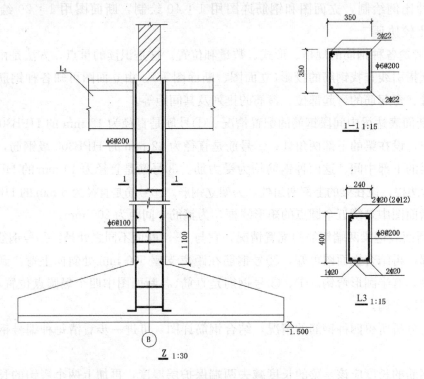

图 9-7　钢筋混凝土柱详图

【特别提示】 掌握钢筋混凝土梁、柱的表示和识读方法，并在以后的学习中逐步熟练，加深理解。

任务四 钢筋混凝土构件平面整体表示方法

一、平面整体表示法的产生和常用构件代号

(一)平面整体表示法的产生

当结构构件较多时，钢筋混凝土构件的传统表示方法显得十分烦琐。因此，原建设部于 2003 年 1 月 20 日批准了《混凝土结构施工图平面整体表示方法制图规则和构造详图》(简称"平法")。目前，"平法"已在建筑设计中得到了广泛应用。2016 年 9 月 1 日最新实施的国家标准图集 16G101－1 规定了现浇混凝土框架、剪力墙、梁、板平面整体表示方法的制图规则和构造详图。

把结构构件的尺寸和配筋等，按照平面整体表示方法的制图规则，整体直接地表示在各类构件的结构平面布置图上，再与标准构造详图配合，就构成了一套新型、完整的结构设计表示方法。"平法"表示图面简洁、清楚、直观，图纸数量少，改变了传统的将构件(柱、剪力墙、梁)从结构平面布置图中索引出来，再逐个绘制模板详图和配筋详图的烦琐方法。

平法适用的结构构件为柱、剪力墙、梁，内容包括平面整体表示图和标准构造详图。在平面布置图上表示各种构件尺寸和配筋方式，表示方法可分为平面注写方式、列表注写方式、截面注写方式三种。

(二)常用构件代号

建筑结构构件种类繁多，为了绘图和施工方便，国家标准规定了各种构件的代号，代号一般是该构件名称汉语拼音的前两个大写字母，代号后的阿拉伯数字表示该构件的型号或编号，也可为构件的顺序号。常用的构件代号见表 9-5。

表 9-5 常用构件代号

名称	代号	名称	代号	名称	代号
板	B	圈梁	QL	承台	CT
屋面板	WB	过梁	GL	设备基础	SJ
空心板	KB	连系梁	LL	桩	ZH
槽形板	CB	基础梁	JL	挡土墙	DQ
折板	ZB	楼梯梁	TL	地沟	DG
密肋板	MB	框架梁	KL	柱间支撑	ZC
楼梯板	TB	框支梁	KZL	垂直支撑	CC
盖板或沟盖板	GB	屋面框架梁	WKL	水平支撑	SC
挡雨板或檐口板	YB	檩条	LT	梯	T
吊车安全走道板	DB	屋架	WJ	雨篷	YP

名称	代号	名称	代号	名称	代号
墙板	QB	托架	TJ	阳台	YT
天沟板	TGB	天窗架	CJ	梁垫	LD
梁	L	框架	KJ	预埋件	M—
屋面梁	WL	刚架	GJ	天窗端壁	TD
吊车梁	DL	支架	ZJ	钢筋网	W
单轨吊车梁	DDL	柱	Z	钢筋骨架	G
轨道连接	DGL	框架柱	KZ	基础	J
车挡	CD	构造柱	GZ	暗柱	AZ

二、柱平面整体表示法

柱平面整体表示法是在柱平面布置图上采用截面注写方式或列表注写方式表达。柱平面布置图可采用适当比例单独绘制，也可与其他构件合并绘制。

(一)柱的截面注写方式

柱的截面注写方式是在柱平面布置图的柱截面上，分别在同一编号的柱中选择一个截面，以直接注写方式注写截面尺寸和配筋具体数值。

【例9-3】 识读图9-8所示的柱平法施工图。

分析：

(1)柱的代号为 KZ1、KZ2、KZ3、LZ1 等。KZ1 为 1 号框架柱，KZ2 为 2 号框架柱，KZ3 为 3 号框架柱，LZ1 为 1 号梁上柱。

(2)650×600、250×300 表示柱的截面尺寸。4Φ22、22Φ22、24Φ22、6Φ16 表示柱中纵筋的数量、级别和直径。

(3)KZ1、KZ2、KZ3 的断面形状为矩形，它们与轴线的关系为偏轴线和柱的中心线与轴线重合两种形式。b 方向中心线与轴线重合，左右都为 325 mm；h 方向偏心，h_1 为 150 mm，h_2 为 450 mm。

(4)KZ1 中 4Φ22 表示四个角的钢筋为 4 根直径为 22 mm 的 HRB335 级钢筋。当纵筋采用两种直径时，须再注写截面各边中部筋的具体数值，对于采用对称配筋的矩形截面柱，可仅在一侧注写中部筋，对称边省略不注。b 边一侧中部钢筋为 5Φ22，即 b 边两侧中部共配 10 根直径为 22 mm 的 HRB335 级钢筋。h 边一侧中部钢筋为 4Φ20，即 h 边两侧中部共配 8 根直径为 20 mm 的 HRB335 级钢筋。故在 19.470～37.470 m 范围内一共配有 Φ22 的钢筋 14 根和 Φ20 的钢筋 8 根。

(5)Φ10@100/200 表示柱中箍筋的级别、直径和间距，用"/"区分加密区和非加密区的间距。加密区的箍筋为 Φ10@100，即直径为 10 mm 的 HPB300 级钢筋，间隔为 100 mm。非加密区的箍筋为 Φ10@200，即直径为 10 mm 的 HPB300 级钢筋，间隔为 200 mm。

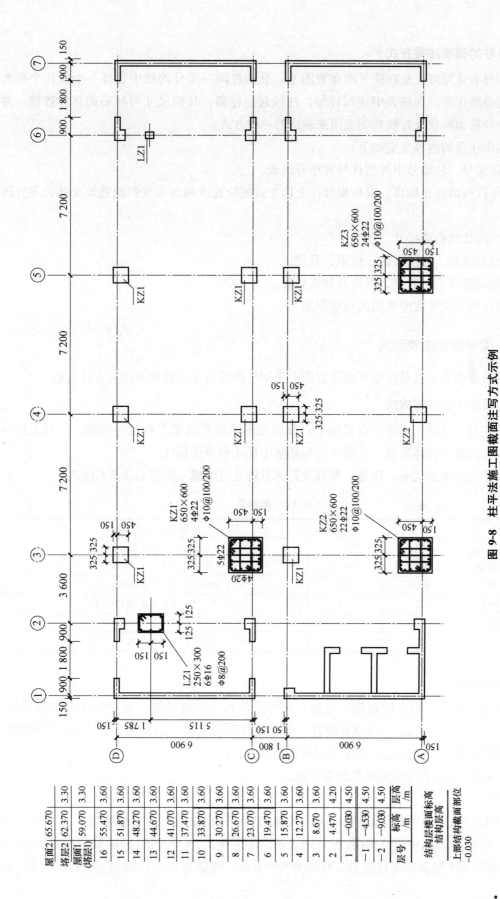

图 9-8 柱平法施工图截面注写方式示例

层号	标高/m	层高/m
屋面2 (塔层2)	65.670	
(塔层1)	62.370	3.30
屋面1 (塔层1)	59.070	3.30
16	55.470	3.60
15	51.870	3.60
14	48.270	3.60
13	44.670	3.60
12	41.070	3.60
11	37.470	3.60
10	33.870	3.60
9	30.270	3.60
8	26.670	3.60
7	23.070	3.60
6	19.470	3.60
5	15.870	3.60
4	12.270	3.60
3	8.670	4.20
2	4.470	4.50
1	-0.030	4.50
-1	-4.530	4.50
-2	-9.030	4.50

结构层楼面标高
结构层高
上部结构截面部位
-0.030

(二)柱的列表注写方式

柱的列表注写方式是在柱平面布置图上，分别在同一编号的柱中选择一个或几个截面标注几何参数代号，在柱表中注写柱号、柱段起止标高、几何尺寸与配筋的具体数值，并配以各种柱截面形状及其箍筋类型图来表达的一种方式。

柱表中注写的内容规定如下：

(1)柱编号。柱编号由类型代号和序号组成。

(2)各段柱的起止标高。自柱根部往上以变截面位置或截面未变但配筋改变处为界分段注写。

(3)各段柱的截面尺寸。

(4)柱的纵筋。包括根数、级别、直径。

(5)柱箍筋级别、直径、间距及箍筋肢数。

具体注写方式可查阅有关的标准图集。

三、梁平面整体表示法

梁平面整体表示法是在梁平面布置图上采用平面注写方式或截面注写方式表达。

(一)梁的平面注写方式

平面注写方式是在梁平面布置图上，分别在不同编号的梁中各选一根梁，在其上注写截面尺寸和配筋的具体数值。平面注写包括集中标注和原位标注。

梁编号由梁类型代号、序号、跨数及有无悬挑几项组成，应符合表 9-6 的规定。

表 9-6　梁编号

梁类型	代号	序号	跨数及是否带有悬挑
楼层框架梁	KL	××	(××)、(××A)或(××B)
屋面框架梁	WKL	××	(××)、(××A)或(××B)
框支架	KZL	××	(××)、(××A)或(××B)
非框架梁	L	××	(××)、(××A)或(××B)
悬挑梁	XL	××	
井字梁	JZL	××	(××)、(××A)或(××B)

1. 集中标注

集中标注表达梁的通用数值，包括五项必注值和一项选注值。五项必注值是梁编号、梁截面尺寸 $b \times h$(宽×高)、梁箍筋配置、梁上部通长筋或架立筋配置、梁侧面纵向构造钢筋或受扭钢筋配置；一项选注值是梁顶面标高高差。

【**例 9-4**】　识读图 9-9 所示梁的集中标注。

分析：

(1)KL2(2A)300×650 表示梁的名称及截面尺寸。KL2 表示 2 号框架梁。(2A)表示该梁 2 跨，字母 A 表示一端悬挑(若为 B 则表示两端悬挑)。300×650 表示梁的截面尺寸(若为 300×650/500 则表示变截面梁，高端为 650 mm，矮端为 500 mm；若为 Y500×200 则

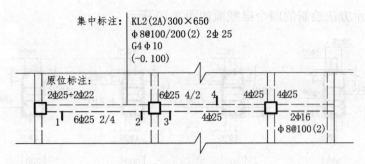

集中标注：KL2(2A)300×650
ф8@100/200(2) 2Ф25
G4ф10
(-0.100)

原位标注：
2Ф25+2Ф22   6Ф25 4/2   4   4Ф25   4Ф25
1   6Ф25 2/4   2'   3'   4Ф25   2Ф16
ф8@100(2)

图 9-9 梁平面注写方式

表示加腋梁，加腋长为 500 mm，加腋高为 200 mm）。

(2)ф8@100/200(2) 2Ф25 表示箍筋及梁上部通长筋配置情况。ф8@100/200(2)表示箍筋为 HPB300 钢筋，直径为 8mm，加密区间距为 100，非加密区间距为 200，均为两肢箍；2Ф25 表示梁上部有 2 根直径为 25 mm 的通长筋，通长筋为 HRB335 级钢筋。

(3)G4ф10 表示腰筋配置，用于高度≥450 mm 的梁。"G"表示按构造要求配置的钢筋；若为"N"则表示按计算配置的抗扭钢筋。G4ф10 表示梁的两个侧面共配置 4 根直径为 10 mm 的纵向构造钢筋，规格为 HPB300 级钢筋。

(4)(-0.100)表示梁的顶面标高高差。梁的顶面标高高差是指相对于结构层楼面标高的高差值。有高差时须将其写入括号内，无高差时则不用标注。如(0.100)表示梁顶面标高比本层楼的结构层楼面标高高出 0.100 m；(-0.100)表示梁顶面标高比本层楼的结构层楼面标高低 0.100 m。

2. 原位标注

原位标注表达梁的特殊数值，内容包括上部纵筋、下部纵筋、附加箍筋或吊筋。

【例 9-5】 识读图 9-9 所示梁的原位标注。

分析：

(1)梁支座上部纵筋。同排纵筋有两种直径时，用"＋"将两种直径的纵筋相连，注写时将角部纵筋写在前面。2Ф25＋2Ф22 表示梁支座上部有两种直径钢筋共 4 根，其中 2Ф25 放在角部，2Ф22 放在中部。

纵筋多于一排时，用"/"将各排纵筋自上而下分开。6Ф25 4/2 表示梁上部纵筋为两排，上一排纵筋为 4Ф25，下一排纵筋为 2Ф25。

梁间支座两边的上部纵筋不同时，须在支座两边分别标注；如相同，可仅在支座的一边标注，另一边可省略不注。4Ф25 表示梁支座上部配置 4 根直径为 25 mm 的 HRB335 级钢筋。

(2)梁支座下部纵筋。纵筋多于一排时，用"/"将各排纵筋自上而下分开。6Ф25 2/4 表示梁下部纵筋为两排，上一排纵筋为 2Ф25，下一排纵筋为 4Ф25。

4Ф25 表示梁下部中间配置 4 根直径为 25 mm 的 HRB335 级钢筋。

ф8@100(2)表示箍筋为 HPB300 级钢筋，直径为 8 mm，间距为 100 mm，两肢箍。

【特别提示】 读图时，当集中标注与原位标注不一致时，原位标注取值优先。

采用传统表示方法绘制的四个梁截面如图9-10所示。

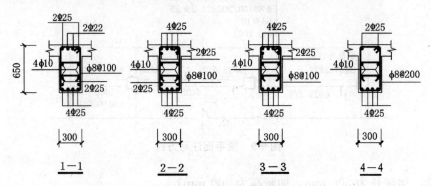

图9-10 采用传统表示方法绘制的四个梁截面

(二)梁的截面注写方式

截面注写方式是在梁的平面布置图上,分别在不同编号的梁中各选择一根梁,用剖切符号引出截面配筋图,并在截面配筋图上注写截面尺寸和配筋的具体数值,如图9-11所示。

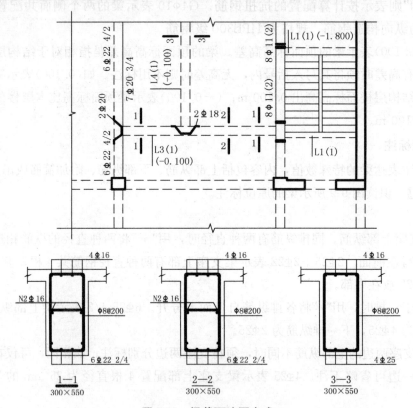

图9-11 梁截面注写方式

截面注写方式与平面注写方式大同小异。梁的代号、各种数字符号的含义均相同,只是平面注写方式中的集中注写方式在截面注写方式中用截面图表示,截面图的绘制方法同常规方法一致。

图9-12所示为梁平法施工图,可自行阅读。

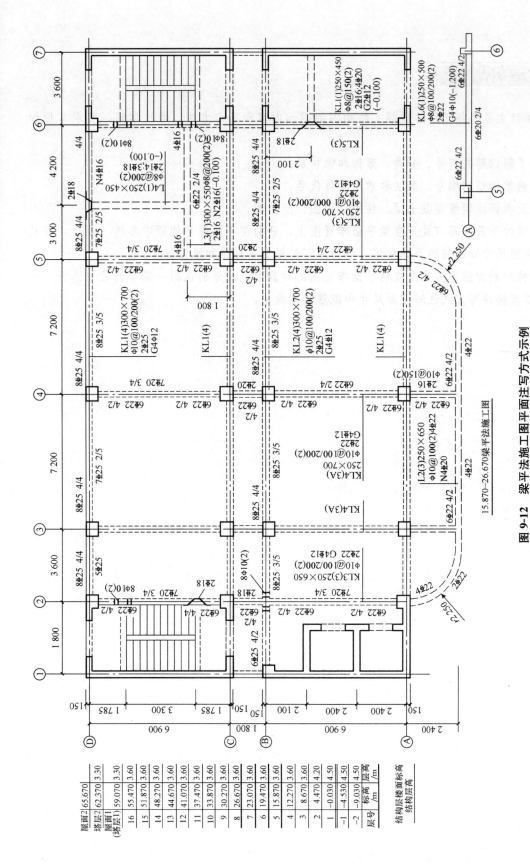

图 9-12 梁平法施工图平面注写方式示例

15.870~26.670梁平法施工图

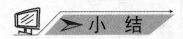

小 结

本项目主要介绍了钢筋混凝土结构图的图示内容和图示方法，通过学习，要求掌握如下内容：

(1)了解钢筋的符号、分类、弯钩和保护层。

(2)熟悉钢筋的编号、画法和常用构件代号。

(3)正确识读钢筋混凝土梁、柱的立面图、断面图。

(4)梁的平面注写方式是在梁平面布置图上，分别在不同编号的梁中各选一根梁，在其上注写截面尺寸和配筋的具体数值。平面注写包括集中标注和原位标注。

(5)柱的截面注写方式是在柱平面布置图的柱截面上，分别在同一编号的柱中选择一个截面，以直接注写方式注写截面尺寸和配筋具体数值。

项目十 建筑施工图

学习目标

了解房屋的基本组成；熟悉建筑施工图的图示内容和图示方法；掌握建筑平面图、立面图、剖面图的识读方法。

建筑物按其使用功能，通常可分为工业建筑、农业建筑、民用建筑。其中，民用建筑根据建筑物的使用功能又可分为居住建筑和公共建筑。居住建筑是指供人们生活起居用的建筑物，如住宅、宿舍、公寓、旅馆等；公共建筑是指供人们进行各项社会活动的建筑物，如商场、学校、医院、办公楼、汽车站、影剧院等。

建筑物按数量和建筑规模可分为大量性建筑和大型性建筑。大量性建筑是指建造数量较多、相似性大的建筑，如住宅、宿舍、商店、医院、学校等；大型性建筑是指建造数量较少，但单幢建筑体量大的建筑，如大型体育馆、影剧院、航空站、火车站等。

任务一　建筑施工图基本知识

一、房屋的组成

各种不同的建筑物，尽管它们的使用要求、空间组合、外形处理、结构形式、构造方式及规模大小等方面有各自的特点，但其基本构造是相似的。如图 10-1 所示，它们是由基础、墙或柱、楼板、地面、楼梯、屋顶、门窗等部分，以及其配件和设施，如通风道、垃圾道、阳台、雨篷、雨水管、勒脚、散水、明沟等组成的。

二、施工图的分类

房屋施工图按专业不同，可分为建筑施工图(简称建施)、结构施工图(简称结施)、设备施工图(给水排水施工图、暖通施工图、电气施工图)(简称设施)和装饰施工图(简称装施)等。

建筑施工图主要表达房屋建筑群体的总体布局，房屋的外部造型、内部布置、固定设施、构造做法和所用材料等内容，包括首页(图纸目录、设计总说明、门窗材料表等)、总平面图、建筑平面图、建筑立面图、建筑剖面图、建筑详图等。

其中，图纸目录包括每张图纸的名称、内容、图号等。设计总说明包括工程概况(建筑名

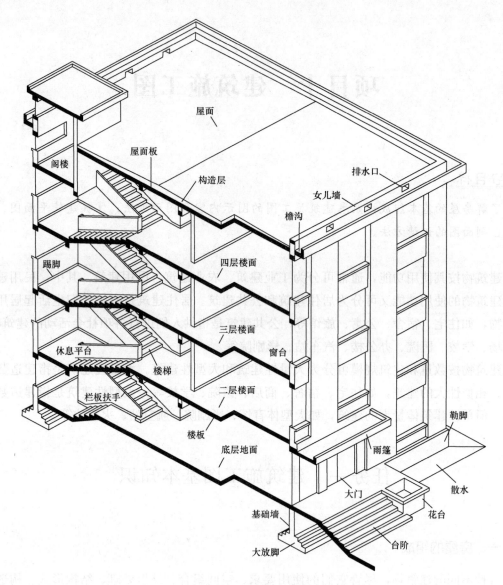

图 10-1 房屋的组成

称、建筑地点、建设单位、建筑占地面积、建筑等级、建筑层数）；设计依据（政府有关批文、建筑面积、造价以及有关地质、水文、气象资料）；设计标准（建筑标准结构、抗震设防烈度、防火等级、采暖通风要求、照明标准）；施工要求（验收规范要求，施工技术及材料的要求，采用新技术、新材料或有特殊要求的做法说明，图纸中不详之处的补充说明）。

结构施工图主要表达房屋承重构件的布置、类型、规格及其所用材料，配筋形式和施工要求等内容，包括结构布置图、构件详图、节点详图等。

设备施工图主要表达室内给水排水、采暖通风、电气照明等设备的布置、安装要求和线路铺设等内容，包括给水排水、暖通、电气等设施的平面布置图、系统图、构造和安装详图等。

装饰施工图主要表达室内设施的平面布置及地面、墙面、顶棚的造型、细部构造、装修材料与做法等内容，包括装饰平面图、装饰立面图、装饰剖面图、装饰详图等。

由此可见，一套完整的房屋施工图，其内容和数量很多。为了能准确地表达建筑物的形状，设计时图样的数量和内容应完整、详尽、充分，一般在能够清楚表达工程对象的前提下，一套图样的数量及内容越少越好。

三、建筑施工图的有关规定

建筑专业制图的现行标准是《房屋建筑制图统一标准》(GB/T 50001—2010)和《建筑制图标准》(GB/T 50104—2010)等。工程技术人员必须熟悉和遵守"国标"中的有关规定。

(一)图线

建筑专业制图采用的各种线型，应符合表 10-1 的规定。

表 10-1　线型

名称		线　型	线宽	用　途
实线	粗	——————	b	1. 平、剖面图中被剖切的主要建筑构造(包括构配件)的轮廓线 2. 建筑立面图或室内立面图的外轮廓线 3. 建筑构造详图中被剖切的主要部分的轮廓线 4. 建筑构配件详图中的外轮廓线 5. 平、立、剖面的剖切符号
实线	中粗	——————	$0.7b$	1. 平、剖面图中被剖切的次要建筑构造(包括构配件)的轮廓线 2. 建筑平、立、剖面图中建筑构配件的轮廓线 3. 建筑构造详图及建筑构配件详图中的一般轮廓线
	中	——————	$0.5b$	小于 $0.7b$ 的图形线、尺寸线、尺寸界限、索引符号、标高符号、详图材料做法引出线、粉刷线、保温层线、地面、墙面的高差分界线等
	细	——————	$0.25b$	图例填充线、家具线、纹样线等
虚线	中粗	– – – – – –	$0.7b$	1. 建筑构造详图及建筑构配件不可见的轮廓线 2. 平面图中的起重机(吊车)轮廓线 3. 拟建、扩建建筑物轮廓线
	中	– – – – –	$0.5b$	投影线、小于 $0.5b$ 的不可见轮廓线
	细	– – – – –	$0.25b$	图例填充线、家具线等
单点长画线	粗	—— · —— · ——	b	起重机(吊车)轨道线
	细	— · — · —	$0.25b$	中心线、对称线、定位轴线
折断线	细	——/\——	$0.25b$	部分省略表示时的断开界线
波浪线	细	～～～	$0.25b$	部分省略时表示断开界线，曲线形构件断开界限 构造层次的断开界限

注：地平线宽可用 $1.4b$。

(二)比例

建筑专业制图选用的各种比例，应符合表10-2的规定。

表10-2　比例

图　名	比　例
建筑物或构筑物的平面图、立面图、剖面图	1∶50、1∶100、1∶150、1∶200、1∶300
建筑物或构筑物的局部放大图	1∶10、1∶20、1∶25、1∶30、1∶50
配件及构造详图	1∶1、1∶2、1∶5、1∶10、1∶15、1∶20、1∶25、1∶30、1∶50

(三)定位轴线

定位轴线是施工时放样的重要依据。凡承重墙、柱、梁等承重构件都应画出轴线，并加以编号。编号应注写在轴线端部的圆内，圆应用细实线绘制，直径为8～10 mm。横向编号应用阿拉伯数字，从左至右顺序编写；竖向编号应用大写拉丁字母(字母I、O、Z不能用作轴线编号)，从下至上顺序编写，如图10-2所示。两根轴线之间若添加附加轴线，则编号用分数表示，分母为前一轴线的编号，分子为附加轴线号。

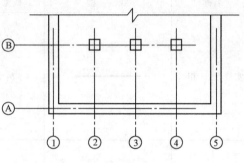

图10-2　定位轴线编号顺序

(四)标高

标高是标注建筑物高度的一种尺寸形式，表示建筑物某一部位相对于基准面(标高的零点)的竖向高度，是竖向定位的依据。标高符号的画法和标高数字的注写应符合《房屋建筑制图统一标准》(GB/T 50001—2010)的规定。

标高符号应以直角等腰三角形表示，应按图10-3(a)所示的形式以细实线绘制，如标注位置不够，可按图10-3(b)所示形式绘制。标高符号的具体画法应符合图10-3(c)、(d)的规定。

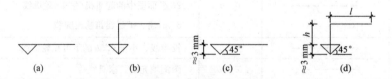

图10-3　标高符号

l—取适当长度注写标高数字；h—根据需要取适当高度

总平面图上的标高符号宜涂黑表示，其形式和画法如图10-4(a)所示。标高符号的尖端应指向被注的高度，尖端宜向下，也可向上，如图10-4(b)所示。在图样的同一位置需表示几个不同标高时，标高数字可按图10-4(c)所示的形式注写。标高数字以 m 为单位，注写到小数点以后第三位；在总平面图中，可注写到小数点以后第二位。零点标高应注写成

±0.000，正数标高不注"＋"，负数标高应注"－"，如 6.000、－0.600。

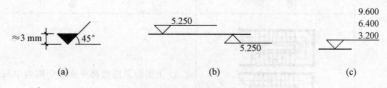

图 10-4　标高符号的其他规定

标高按基准面选取的不同，分为绝对标高和相对标高。绝对标高是以我国青岛附近黄海多年平均海平面作为基准的标高；相对标高是将房屋底层的室内地坪高度作为基准的标高。在相对标高中，凡是包括装饰层厚度的标高，称为建筑标高，注写在构件的装饰层面上；凡是不包括装饰层厚度的标高，称为结构标高，注写在构件的底部，是构件的安装或施工高度。

(五)索引符号与详图符号

图样中的某一局部或构件，如需另见详图，应以索引符号索引，并在对应的详图下方标注详图符号。索引符号与详图符号如图 10-5 所示。

索引符号用细实线圆表示，直径为 8～10 mm。索引符号中注明详图的编号及详图所在图纸的图纸号，若是标准详图，则加注该标准图集的编号，如图 10-5(a)所示。

详图符号用粗实线圆表示，直径为 14 mm。详图符号中注明详图的编号及被索引的详图所在的图纸号。当详图与被索引的图样在同一张图纸上时，应在详图符号内用阿拉伯数字注明详图的编号，如图 10-5(b)所示。

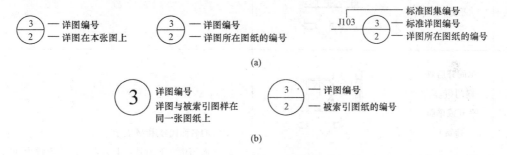

图 10-5　索引符号与详图符号

(六)图例

表 10-3 摘录了部分建筑构造及配件的图例，其余详见《建筑制图标准》(GB/T 50104—2010)。

表 10-3　常用建筑构造配件图例

序号	名称	图　例	备　注
1	墙体		1. 上图为外墙，下图为内墙 2. 外墙粗线表示有保温层或有幕墙 3. 应加注文字或涂色或图案填充表示各种材料的墙体 4. 在各层平面图中防火墙宜着重以特殊图案填充表示

序号	名称	图 例	备 注
2	楼梯	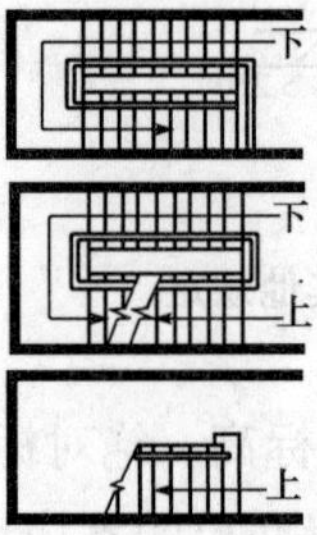	1. 上图为顶层楼梯平面,中图为中间层楼梯平面,下图为底层楼梯平面 2. 需设置靠墙扶手或中间扶手时,应在图中表示
3	单面开启单扇门(包括平开或单面弹簧)	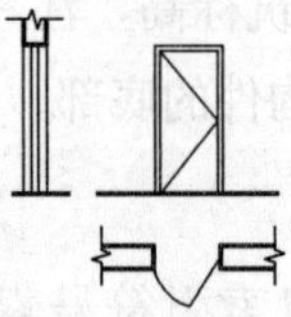	1. 门的名称代号用 M 表示 2. 平面图中,下为外,上为内。门开启线为 90°、60° 或 45°,开启弧线宜绘出 3. 立面图中,开启线实线为外开,虚线为内开,开启线交角的一侧为安装合页一侧。开启线在建筑立面图中可不表示,在立面大样图中可根据需要绘出 4. 剖面图中,左为外,右为内 5. 附加纱扇应以文字说明,在平、立、剖面图中均不表示 6. 立面形式应按实际情况绘制
	双面开启单扇门(包括双面平开或双面弹簧)	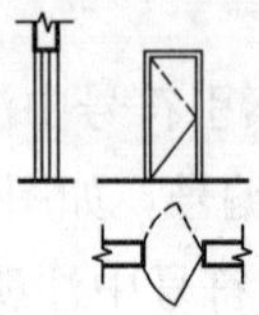	
	双层单扇平开门	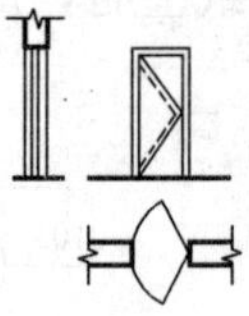	
4	单面开启双扇门(包括平开或单面弹簧)	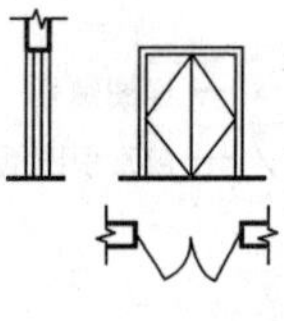	1. 门的名称代号用 M 表示 2. 平面图中,下为外,上为内。门开启线为 90°、60° 或 45°,开启弧线宜绘出 3. 立面图中,开启线实线为外开,虚线为内开。开启线交角的一侧为安装合页一侧。开启线在建筑立面图中可不表示,在立面大样图中可根据需要绘出 4. 剖面图中,左为外,右为内 5. 附加纱扇应以文字说明,在平、立、剖面图中均不表示 6. 立面形式应按实际情况绘制
	双面开启双扇门(包括双面平开或双面弹簧)	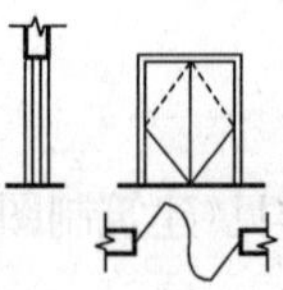	
	双层双扇平开门	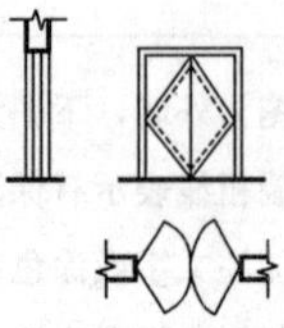	

序号	名称	图例	备注
5	折叠门	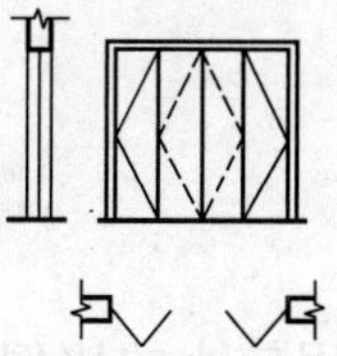	1. 门的名称代号用 M 表示 2. 平面图中，下为外，上为内 3. 立面图中，开启线实线为外开，虚线为内开，开启线交角的一侧为安装合页一侧 4. 剖面图中，左为外，右为内 5. 立面形式应按实际情况绘制
	推拉折叠门	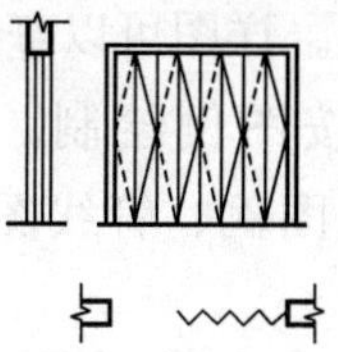	
6	固定窗	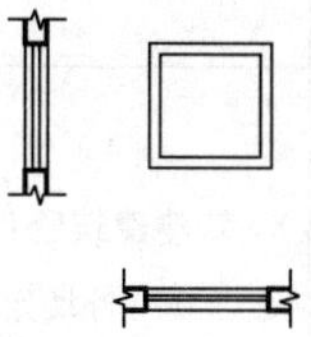	
7	上悬窗	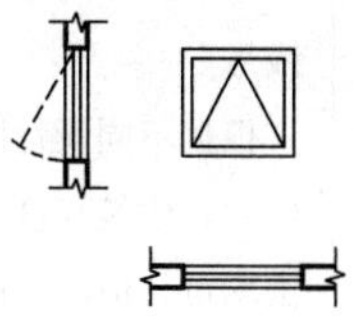	1. 窗的名称代号用 C 表示 2. 平面图中，下为外，上为内 3. 立面图中，开启线实线为外开，虚线为内开，开启线交角的一侧为安装合页一侧。开启线在建筑立面图中可不表示，在门窗立面大样图中需绘出 4. 剖面图中，左为外，右为内，虚线仅表示开启方向，项目设计不表示 5. 附加纱窗应以文字说明，在平、立、剖面图中均不表示 6. 立面形式应按实际情况绘制
	中悬窗	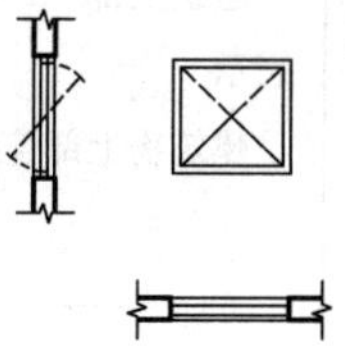	
8	下悬窗	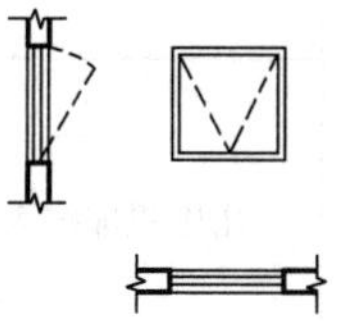	

任务二 总平面图及总说明

一、总平面图的图示特点

(1)总平面图包括的地方范围较大，绘制时采用较小的比例，如 1∶500、1∶1 000、1∶2 000 等。

(2)总平面图上的坐标、标高、距离以米为单位。详图可以毫米为单位。

(3)由于比例较小，总平面图上的内容一般按图例绘制。《总图制图标准》(GB/T 50103—2010)分别列出了总平面图例、道路与铁路图例、管线图例、园林景观绿化图例。常用图例符号见表10-4。

表 10-4 常用总平面图例

序号	名称	图例	备注
1	新建建筑物	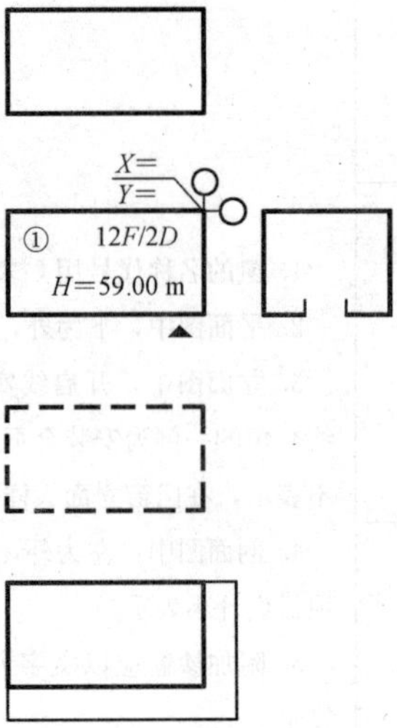 $X=$ $Y=$ ① 12F/2D $H=59.00$ m	新建建筑物以粗实线表示与室外地坪相接处±0.000外墙定位轮廓线 建筑物一般以±0.000高度处的外墙定位轴线交叉点坐标定位。轴线用细实线表示，并标明轴线号 根据不同设计阶段标注建筑编号，地上、地下层数，建筑高度，建筑出入口位置(两种表示方法均可，但同一图纸采用一种表示方法) 地下建筑物以粗虚线表示其轮廓 建筑上部(±0.000以上)外挑建筑用细实线表示 建筑物上部连廊用细虚线表示并标注位置
2	原有建筑物	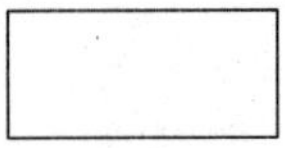	用细实线表示
3	计划扩建的预留地或建筑物		用中粗虚线表示
4	拆除的建筑物	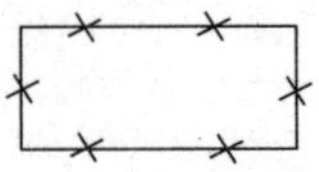	用细实线表示

序号	名称	图　例	备　注
5	围墙及大门		—
6	新建的道路		"R=6.00"表示道路转弯半径；"107.50"为道路中心线交叉点设计标高，两种表示方式均可，同一图纸采用一种方式表示；"100.00"为变坡点之间的距离，"0.30%"表示道路坡度，→表示坡向
7	原有道路		—
8	计划扩建的道路		—
9	拆除的道路		—
10	人行道		—

二、总平面图的图示内容

(1)新建区的总体布局。如用地范围、原有建筑物或构筑物的位置、道路等。

(2)新建房屋的平面布置。确定新建筑物的位置，通常用原有建筑物、道路等来定位；拟建房屋用粗实线表示，并在线框内用数字或点数表示建筑层数。

(3)新建房屋的室内外标高。

(4)指北针和风向频率玫瑰图。指北针表示房屋的朝向。指北针用细实线圆绘制，直径为 24 mm，指针尖为正北方向，指针尾部宽度为 3 mm，如图 10-6(a)所示。风向频率玫瑰图，可确定本地区常年风向频率和风速。风向频率玫瑰图一般画出 16 个方向的长短线来表示该地区常年的风向频率，有箭头的方向为北向，如图 10-6(b)所示。

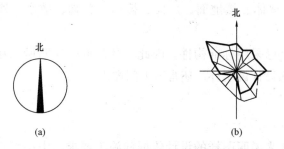

(a)　　　　　　　　　　(b)

图 10-6　指北针和风向频率玫瑰图

（5）附近的地形、地物。如等高线、道路、水沟、河流、池塘、土坡等。

（6）绿化规划、管道布置。

图10-7所示为某单位生活区的总平面布置图。

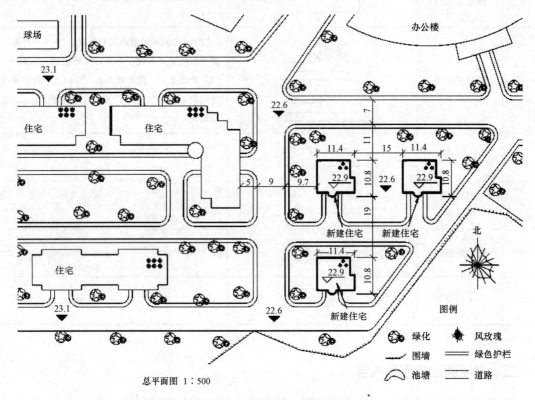

总平面图 1∶500

图10-7　建筑总平面布置图

三、设计总说明

在建筑施工图中，对某些项目如尺寸单位、一般构造的用料及做法等，若首先作一个总说明，不仅省略了在每一张图纸上都作重复标注的麻烦，而且还可以让施工人员对该建筑物的施工要求有一个概括的了解。所以，常在建筑施工图册的首页上用文字或表格的方式介绍本工程概况，如新建工程的位置、层数、建筑面积、结构形式以及各部分构造做法（包括基础、墙体、楼地面、屋面、楼梯、勒脚、散水、踢脚板、墙裙、门窗及顶棚等）。

目前，部分构配件已采用标准构件，因此，在首页应注明所采用标准构件的页数和编号，以便查阅。首页除设计说明外，还常列上门窗表。

四、施工总说明

施工总说明主要用来说明图样的设计依据和施工要求。中小型房屋的施工总说明常与总平面图一起放在建筑施工图内，或者施工总说明与结构总说明合并，成为整套施工图的首页，放在施工图的最前面。

任务三　建筑平面图

一、平面图的形成

建筑平面图是房屋的水平剖面图，也就是假想用一个水平剖切平面，沿门窗洞口的位置剖开整幢房屋，将剖切平面以下部分向水平投影面作投影所得到的图样，如图 10-8 所示。

对于多层建筑，原则上应画出每一层的平面图，并在图的下方标注图名，图名通常按层次来命名，例如，底层平面图、二层平面图等。习惯上，如果有两层或更多层的平面布置完全相同，则可用一个平面图表示，图名为 X 层～Y 层平面图，也可称为标准层平面图；如果房屋的平面布置左右对称，则可将两层平面图合并为一个图，左边画一层的一半，右边画另一层的一半，中间用对称线分界，在对称线的两端画上对称符号，并在图的下方分别注明名称。需要注意的是，底层平面图必须单独画出。

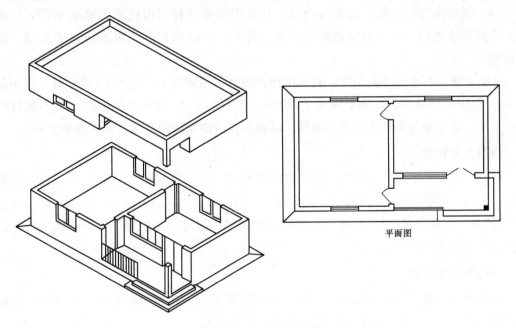

平面图

图 10-8　平面图的形成

二、平面图的图示内容

一般平面图包含以下内容：

(1)图名、比例、朝向。

(2)定位轴线及其编号。

(3)各房间的布置和分隔，门窗的位置，墙、柱的断面形状和大小。

(4)楼梯的位置及梯段的走向与级数。

(5)其他构配件如台阶、雨篷、阳台等的位置。

(6)平面图的轴线尺寸、各建筑构配件的大小尺寸和定位尺寸以及楼地面的标高。

(7)剖面图的剖切符号，表示房屋朝向的指北针(这些仅在底层平面图中表示)。

(8)详图索引符号。

三、平面图的图示要求

(一)定位轴线及编号

定位轴线以细点画线绘制，墙体内可以断开不画。轴线编号的圆圈应大小一致、排列整齐。

(二)图线

建筑平面图中被剖切到的墙、柱断面轮廓用粗实线画出；没有剖切到的可见轮廓线，如窗台、台阶、散水、栏杆等用中实线画出；尺寸线用细实线画出。

(三)图例与符号

门、窗均按"国标"规定的图例绘制，并在图例旁注写门窗代号，M 表示门，C 表示窗，不同大小的门、窗以不同的编号区分。此外，应以列表方式表达门窗的类型、制作材料等。

比例大于 1：50 的平面图中，宜画出材料图例；比例为 1：100～1：200 时，可画简化的材料图例(如砖墙涂红、钢筋混凝土涂黑)；比例小于 1：200 的平面图，可不画材料图例。另外，还应标注剖切符号及其编号，以表示相应剖面图的剖切位置和投影方向。

(四)尺寸标注

平面图中的外墙尺寸一般有三层，最内层为门、窗的大小和位置尺寸(门、窗的定形和定位尺寸)；中间层为定位轴线的间距尺寸(房间的开间和进深尺寸)；最外层为包外尺寸(房屋的总长和总宽尺寸)。另外，还需标注某些局部尺寸，如墙厚、台阶、散水等，以及室内、外等处的标高。

(五)图名和比例

每个图样一般均应标注图名，图名注写在图形下方，并在图名下画一粗横线。比例注写在图名的右侧，比例的字高比图名字高小一号或二号。

四、平面图的识读

图 10-9 所示为某公寓的底层平面图，图中表明了该公寓底层各房间的大小、分布及相互位置关系，门、窗的位置和类型，出入口、楼梯的布置，并给出室外台阶的位置。图 10-10 所示为该公寓二层平面图，图 10-11 所示为该公寓三层平面图。

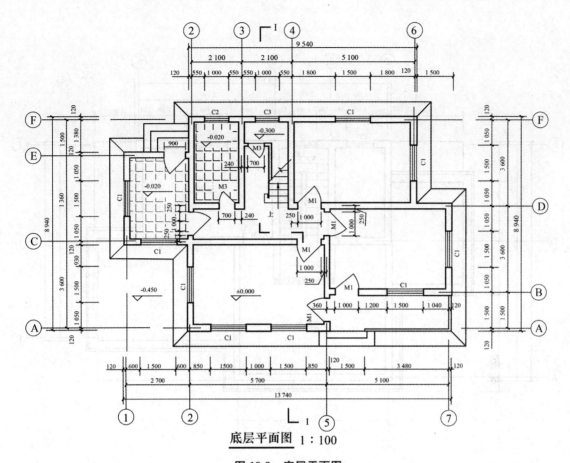

<u>底层平面图</u> 1：100

图 10-9　底层平面图

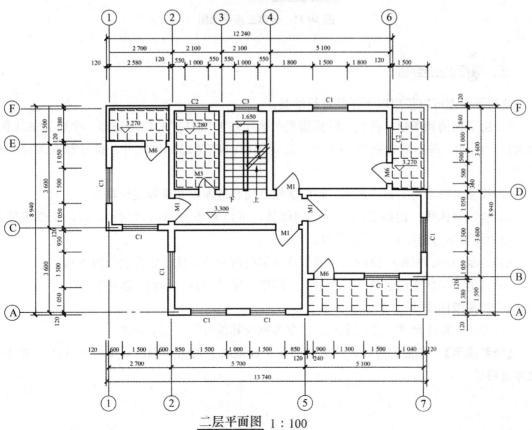

<u>二层平面图</u> 1：100

图 10-10　公寓二层平面图

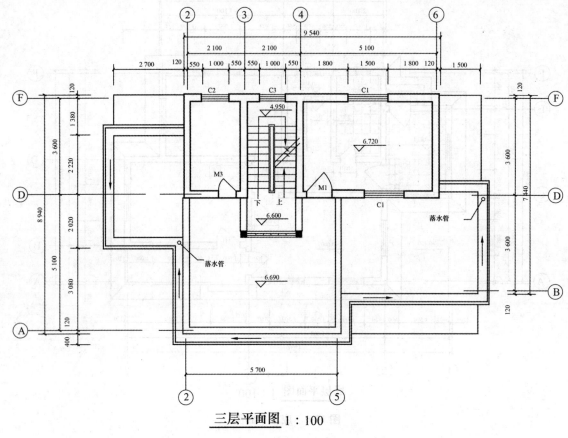

三层平面图 1:100

图 10-11　公寓三层平面图

五、平面图的绘制

建筑平面图可以按照以下步骤进行绘制：

（1）选定比例和图幅。首先，根据房屋的大小按照"国标"的规定选择一个合适的比例，通常用 1:100，进而确定图幅的大小。选定图幅时应考虑标注尺寸、符号和有关说明的位置。

（2）绘制轴线。均匀布置图面，根据房屋开间和进深尺寸绘制定位轴线。

（3）绘制墙体线。根据墙厚尺寸绘制墙体，可以暂不考虑门窗洞口，画出全部墙线草图。草图线要画得细而轻，以便修改。

（4）绘制门窗。根据门窗的大小及位置确定门窗洞口，按规定绘制门窗图例。

（5）其他。包括室内家具、壁柜、卫生隔断、室外阳台、台阶、散水等。

（6）加深墙体线。

（7）标注。标注尺寸、房间名称、门窗名称及其他符号，完成全图。

【特别提示】　布置图面时，应考虑图框、标题栏、图名、轴线编号、标注尺寸及其他文字说明等。

任务四　建筑立面图

一、立面图的形成

立面图是房屋在与外墙面平行的投影面上的投影。一般房屋有四个立面，即从房屋的前、后、左、右四个方向所得的投影图。当然，根据具体情况可以增加或减少，图 10-12 中的立面图是大门入口所在的正立面图。

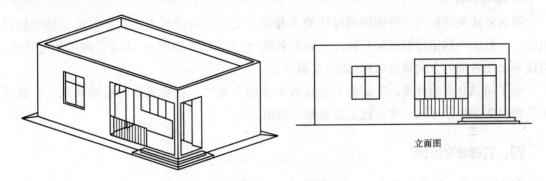

图 10-12　立面图的形成

二、立面图的图示内容

一般立面图包含以下内容：

(1)图名、比例。

(2)立面两端的定位轴线及其编号。

(3)门窗的位置和形状。

(4)屋顶的外形。

(5)外墙面的装饰及做法。

(6)台阶、雨篷、阳台等的位置、形状和做法。

(7)标高及必需标注的局部尺寸。

(8)详图索引符号。

三、立面图的图示要求

1. 定位轴线及编号

立面图上可只标出两端的轴线及其编号(注意编号与平面图上是对应的)，用以确定立面图的朝向。

2. 图线

为了使立面图外形清晰、重点突出、层次分明，往往用不同的线型表示各部分的轮廓线。立面图的最外轮廓线画成粗实线，室外地坪线画成 1.4 倍的粗实线；台阶、阳台、雨篷等部分的外轮廓以及门、窗洞口的轮廓画成中实线；门窗扇的分格线及其他细部轮廓、引条线等画成细实线。

3. 图例

立面图上的门窗也按规定的图例绘制，但不注门、窗代号。

4. 尺寸标注

在立面图中，一般不标注门、窗洞口的大小尺寸及房屋的总长和总高尺寸。但一般应标注室内外地坪、阳台、门、窗等主要部位的标高。

5. 图名和比例

图名和比例的标注与平面图的标注要求相同。立面图的命名方法是：有定位轴线的建筑物，宜根据两端定位轴线编号标注立面图名称（如①～⑦立面图）；无定位轴线的建筑物，可按平面图各面的方向确定名称（如南立面图）。

为了加强立面的效果，外墙面上还设有水平的引条线。立面装修的做法要求，一般可用简短的文字加以说明，或在施工总说明中列出。

四、立面图的识读

图 10-13 所示为某公寓①～⑦立面图（正立面图），这是主要的立面。可以看到，入口处有两级台阶，该公寓共有三层，各层房间的门、窗布置和阳台的位置和标高等。

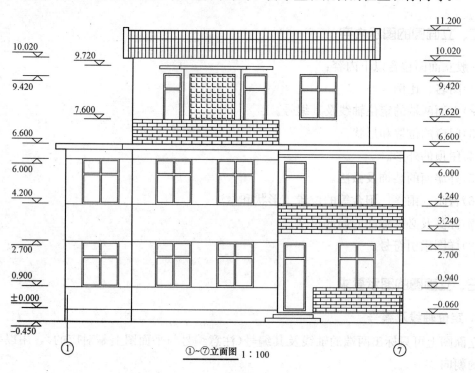

①～⑦立面图 1∶100

图 10-13　某公寓①～⑦立面图

五、立面图的绘制

立面图采用与平面图相同的图幅和比例。

(1)画主要轮廓线。考虑好图面的布置后，画室外地坪线、屋面线和外墙轮廓线。

(2)画次要轮廓线。绘制檐口、门窗洞、窗台、雨篷、阳台、雨水管、台阶等。

(3)标注。经检查无误后，擦去多余图线，按施工要求加深图线，标注标高、图名、比例及有关文字说明。

任务五 建筑剖面图

一、剖面图的形成

剖面图是将房屋用铅垂剖切平面将房屋垂直剖切后得到的投影图，如图10-14所示。

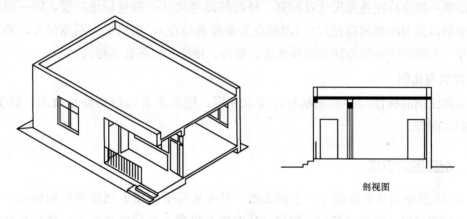

剖视图

图10-14 剖面图的形成

受图幅的限制，房屋的平、立、剖面图往往不能按三面投影图的位置配置在一起，而是各自画在不同的图纸上。无论画在哪里，在投影关系上它们是相对应的，符合"长对正、高平齐、宽相等"的投影规律。

二、剖面图的图示内容

一般剖面图包含以下内容：

(1)图名、比例。

(2)外墙的定位轴线及其编号。

(3)剖切到的室内外地面、楼板、屋顶、内外墙及门窗、各种梁、楼梯、阳台、雨篷等的位置、形状及图例，地面以下的基础一般不画。

(4)未剖切到的可见部分，如墙面上的凹凸轮廓，门窗、梁、柱等的位置和形状。

(5)垂直尺寸及标高。

(6)详图索引符号。

三、剖面图的图示要求

1. 定位轴线及编号

与立面图一样，剖面图上也可只标出两端的轴线及其编号，以便与平面图对照来说明剖面图的投影方向。

2. 图线

与平面图一样，剖切到的构件（如墙身等）的轮廓用粗实线表示，未剖切到的可见轮廓用中实线表示，楼梯扶手栏杆用细实线表示。室外地坪用加粗的粗实线表示。

3. 图例

门窗仍按规定图例绘制，材料图例与平面图的要求相同。

4. 尺寸标注

剖面图一般应标注垂直尺寸及标高。外墙的高度尺寸一般也标注三层，第一层为剖切到的门窗洞口及洞间墙的高度尺寸（以楼面为基准来标注），第二层为层高尺寸，第三层为总高尺寸。剖面图中还须标注室内外地面、楼面、楼梯平台等处的标高。

5. 图名与比例

图名和比例的标注与平面图的标注要求相同。图名通常以剖切编号命名，如Ⅰ—Ⅰ、Ⅱ—Ⅱ剖面图等。

四、剖面图的识读

图 10-15 所示为某公寓的Ⅰ—Ⅰ剖面图。参考底层平面图上剖切符号的标注，可知剖切平面通过楼梯间、卧室及其门、窗口，从左向右投影。每层楼梯的下行梯段是剖切到的梯段，涂黑表示。楼梯上升至屋面，因而屋面可用作活动和晾晒的场所。

门窗洞上均设置过梁（有楼面梁或屋面梁的除外，它们代替了过梁），所以，在剖切到的门窗洞上都画出了过梁的断面。

在剖面图中除画出被剖切到的部分（如墙身、楼板、楼梯、过梁等构件）外，还画出了未剖切到的，但在投影方向可见的轮廓，如梯段及楼梯栏杆扶手、从楼梯间进入房间的门洞等。

五、剖面图的绘制

(1)考虑好图面的布置后，画定位轴线。

(2)画墙体、室内外地坪线、楼面线和屋顶。

(3)画门窗洞、楼梯、雨篷、檐口、台阶等。

(4)加深图线，画材料图例，标注尺寸、图名、比例及有关文字说明。

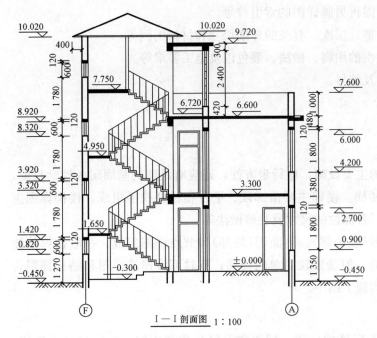

门窗表

代号	洞口宽	洞口高	数量
M1	1 000	2 700	11
M2	900	2 700	2
M3	700	2 100	3
M4	800	2 100	1
M5	700	1 800	1
M6	900	2 700	3
C1	1 500	1 800	19
C2	1 000	1 800	4
C3	1 000	600	4

I—I 剖面图 1:100

图 10-15 某公寓 I—I 剖面图

任务六 建筑详图

一、详图的形成

建筑平面图、立面图和剖面图三图配合，虽然表达了房屋的全貌，但由于所用的比例较小，房屋上的一些细部构造不能清楚地表示出来，因此，在建筑施工图中，除上述三种基本图样外，还应当把房屋的一些细部构造，采用较大的比例(1:30、1:20、1:10、1:5、1:2、1:1)将其形状、大小、材料和做法详细地表达出来，以满足施工的要求，这种图样称为建筑详图，又称为大样图或节点图。建筑详图是建筑平面图、立面图、剖面图的补充。对于套用标准图或通用详图的建筑细部和构配件，只要注明所套用图集的名称、编号或页数，则可以不再画出详图。

建筑详图是施工的重要依据，详图的数量和图示内容要根据房屋构造的复杂程度而定。一幢房屋的施工图一般需要绘制外墙剖面详图、门窗详图、楼梯详图、台阶详图、厕浴详图以及装修详图等详图。

二、详图的图示内容

一般建筑详图包含以下内容：

(1)详图名称、比例。

（2）详图符号与其编号以及需再另画详图的索引符号。

（3）建筑构配件的形状、构造、层次，有关的详细尺寸和材料图例等。

（4）详细注明各部位和各层次的用料、做法、颜色以及施工要求等。

（5）需要画上的定位轴线以及编号。

（6）需要注明的标高等。

三、楼梯详图

楼梯是多层房屋上下交通的主要设施，应行走方便，还应有足够的坚固耐久性。目前，多采用预制或现浇钢筋混凝土楼梯。楼梯主要由梯段、平台和栏杆扶手组成。楼梯详图主要表示楼梯的类型、结构形式、各部位的尺寸及装修做法等。

楼梯详图一般由楼梯平面图（或局部）、剖面图（局部）和节点详图组成。一般楼梯的建筑详图和结构详图是分别绘制的，但是比较简单的楼梯，有时可将建筑详图和结构详图合并绘制，列入建筑施工图或结构施工图中。

（一）楼梯平面图

三层以上的房屋，若中间各层楼梯位置、梯段数及踏步数都相同，通常只画出底层、中间层和顶层三个平面图。三个平面图画在同一张图纸上，互相对齐，以便于识读。

楼梯平面图的剖切位置在该层上行梯段（休息平台下）的任一位置处，被剖切到的梯段，在平面图中用一条45°折断线表示。在每一梯段处画有长箭头，并标注"上"或"下"和级数，表明从该层楼面往上或往下走多少步可到达上层或下层楼面。楼梯平面图用轴线编号表示楼梯间在建筑平面图中的位置，一层楼梯平面图中应标注剖面图的剖切符号，以对应楼梯剖面图，如图10-16所示。

（二）楼梯剖面图

楼梯剖面图是楼梯垂直剖面图的简称，其剖切位置应通过各层的一个梯段和门窗洞口，向另一未剖到的梯段方向投影所得到的剖面图，如图10-16所示。

楼梯剖面图主要表达楼梯的梯段数、踏步数、类型及结构形式，表示各梯段、休息平台、栏杆等的构造及它们的相互关系。图10-16所示剖面图为双跑平行楼梯，由楼梯段、休息平台和栏杆组成；每一梯段有11个踏步，每个踏步高150 mm；楼梯休息平台各层标高分别为1.650 m、4.950 m、8.250 m、11.550 m。

四、墙身节点详图

外墙剖面详图实际上是建筑剖面图外墙部分的局部放大图，主要用于表达外墙与地面、楼面、屋面的构造连接情况以及檐口、女儿墙、窗台、勒脚、散水明沟等的尺寸、材料、做法等构造情况，它是砌墙、室内外装修、编制施工预算以及材料估算的重要依据。

多层房屋中，如果各层墙体的构造情况相同，可只画底层、顶层或加个中间层来表示。画图时，往往在窗洞中间断开，有时也可不画整个墙身的详图，而将各个节点的详图分别单独绘制，各节点详图按顺序依次排在同一张图样上，以便读图，如图10-17所示。

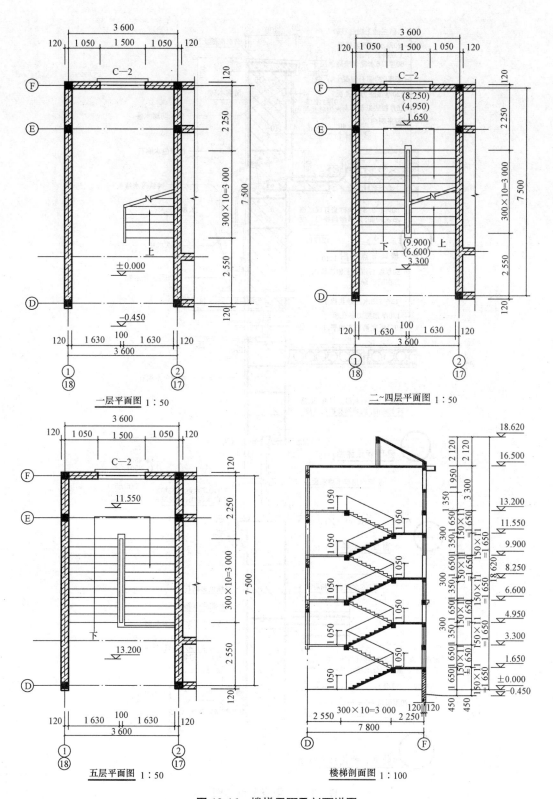

图 10-16 楼梯平面及剖面详图

一层平面图 1：50

二~四层平面图 1：50

五层平面图 1：50

楼梯剖面图 1：100

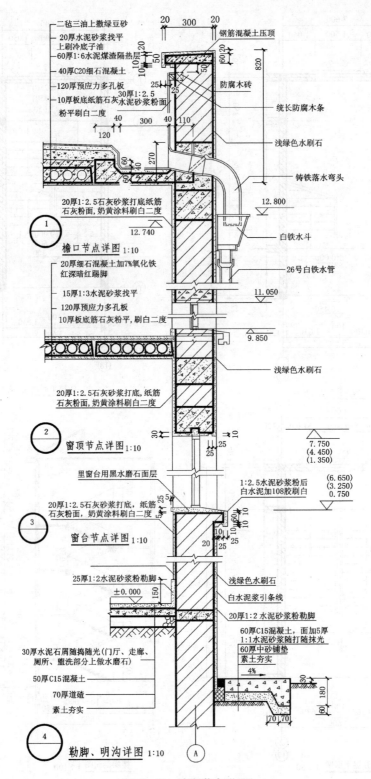

二毡三油上撒绿豆砂
20厚水泥砂浆找平
上刷冷底子油
60厚1:6水泥煤渣隔热层
40厚C20细石混凝土
120厚预应力多孔板
10厚板底筋石灰水泥砂浆粉面
粉平刷白二度

钢筋混凝土压顶
防腐木砖
统长防腐木条
浅绿色水刷石
铸铁落水弯头
白铁水斗

20 300 20
30厚1:2.5水泥砂浆粉面

① 檐口节点详图 1:10

12.800
12.740

20厚1:2.5石灰砂浆打底纸筋
石灰粉面,奶黄涂料刷白二度

20厚细石混凝土加7%氧化铁
红深暗红踢脚
15厚1:3水泥砂浆找平
120厚预应力多孔板
10厚板底筋石灰粉平,刷白二度

26号白铁水管
11.050

9.850

浅绿色水刷石

② 窗顶节点详图 1:10

20厚1:2.5石灰砂浆打底,纸筋
石灰粉面,奶黄涂料刷白二度

7.750
(4.450)
(1.350)

里窗台用黑水磨石面层

(6.650)
(3.250)
0.750

1:2.5水泥砂浆后
白水泥加108胶刷白

20厚1:2.5石灰砂浆打底,纸筋
石灰粉面,奶黄涂料刷白二度

③ 窗台节点详图 1:10

25厚1:2水泥砂浆粉勒脚
±0.000

浅绿色水刷石
白水泥浆引条线
20厚1:2水泥砂浆粉勒脚

30厚水泥石屑随捣随光(门厅、走廊、
厕所、盥洗部分上做水磨石)
50厚C15混凝土
70厚道碴
素土夯实

60厚C15混凝土,面加5厚
1:1水泥砂浆随打随抹光
60厚中砂铺垫
素土夯实
4%

④ 勒脚、明沟详图 1:10

Ⓐ

图 10-17 墙身节点详图

小 结

本项目主要介绍了建筑施工图的有关内容和规定，通过学习，要求掌握以下内容：

(1)总平面图主要用来确定新建房屋的位置和朝向，反映新建房屋与原有房屋、周围地物的关系等内容。

(2)建筑平面图反映房屋的平面形状、大小和布置；墙、柱的位置、尺寸和材料；门窗的形状和位置等。

(3)建筑立面图主要表明建筑物的体型和外貌、外墙面的装饰与做法、阳台的形式及门窗布置、雨水管位置等。

(4)建筑剖面图用来表达建筑内部垂直方向构件布置、上下分层情况、层高、门窗洞口尺寸以及房屋内部的结构形式。

(5)建筑详图是建筑细部的施工图，反映建筑构配件及构造节点的形状、尺寸、材料、做法等，是建筑平面图、立面图、剖面图的补充。

(6)熟悉剖切符号、索引符号和详图符号，正确识读建筑施工图。

参 考 文 献

[1] 中华人民共和国国家标准 . GB/T 17450—1998 技术制图 图线[S]. 北京：中国标准出版社，1998.

[2] 中华人民共和国国家标准 . GB/T 17451—1998 技术制图 图样画法 视图[S]. 北京：中国标准出版社，1998.

[3] 中华人民共和国国家标准 . GB/T 17452—1998 技术制图 图样画法 剖视图和断面图[S]. 北京：中国标准出版社，1998.

[4] 中华人民共和国国家标准 . GB/T 50001—2010 房屋建筑制图统一标准[S]. 北京：中国建筑工业出版社，2010.

[5] 中华人民共和国国家标准 . GB/T 50104—2010 建筑制图标准[S]. 北京：中国建筑工业出版社，2010.

[6] 中华人民共和国国家标准 . GB/T 50105—2010 建筑结构制图标准[S]. 北京：中国建筑工业出版社，2010.

[7] 樊振旺 . 工程制图[M]. 山西：山西科技出版社，2006.

[8] 徐元甫 . 建筑工程制图[M]. 2 版 . 河南：黄河水利出版社，2008.

[9] 王瑞红，李静 . 建筑工程制图[M]. 河南：黄河水利出版社，2013.

[10] 薛奕忠，王虹，高树峰 . 土木工程制图[M]. 北京：北京理工大学出版社，2009.

[11] 张若琼 . 工程图的识读方法与技巧[M]. 西安：西安地图出版社，2009.

[12] 高丽荣 . 建筑制图[M]. 北京：北京大学出版社，2009.

[13] 张多峰 . 建筑工程制图[M]. 2 版 . 北京：中国水利水电出版社，2012.

[14] 曾令宜 . 水利工程制图[M]. 河南：黄河水利出版社，2002.

目 录

班级　　　　姓名　　　　学号

1—1　汉字练习

建筑工程制图比例尺长宽厚度中下左右民用房屋东南西北方向平立剖

室内外水泥砂浆砌石混凝土大小单位设计说明班级姓名学号审核年月日

班级　　　　姓名　　　　学号

1

2

3

4

5

6

7

8

9

0

A B C D E F G H I J K L M N O P Q R S T U V W X Y Z

a b c d e f g h i j k l m n o p q r s t u v w x y z

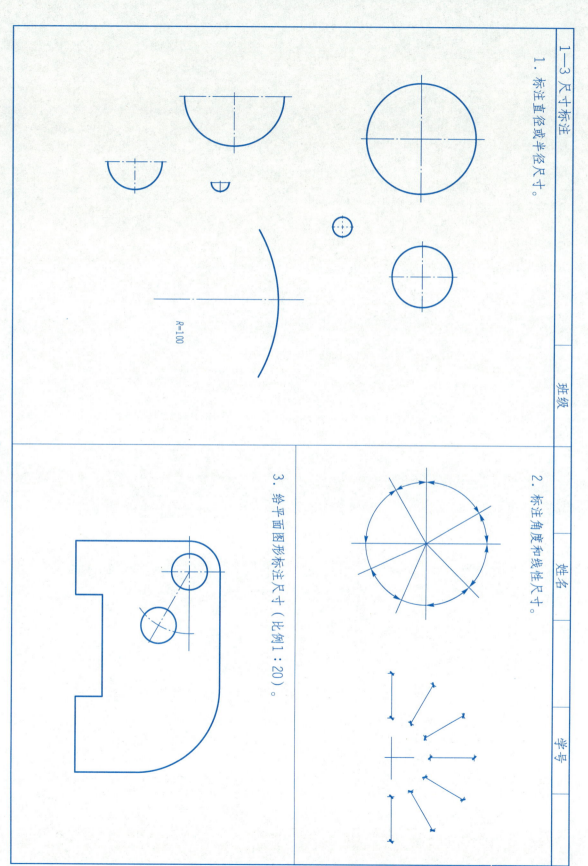

1—3 尺寸标注

班级　　　　　姓名　　　　　学号

1. 标注直径或半径尺寸。

R=100

2. 标注角度和线性尺寸。

3. 给平面图形标注尺寸（比例1：20）。

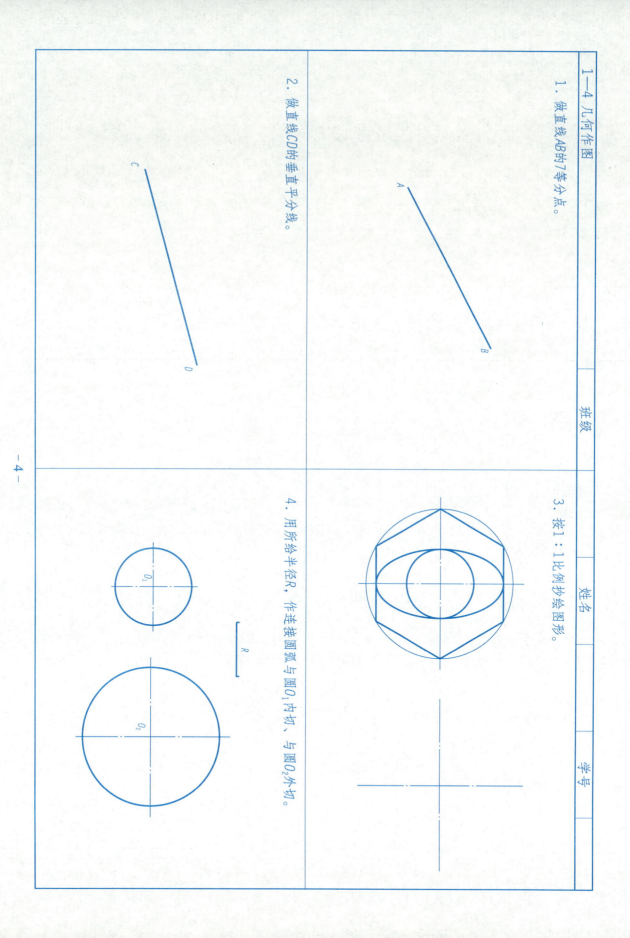

1—4 几何作图

班级　　　　姓名　　　　学号

1. 做直线AB的7等分点。

2. 做直线CD的垂直平分线。

3. 按1：1比例抄绘图形。

4. 用所给半径R，作连接圆弧与圆O_1内切，与圆O_2外切。

一、实训目的

熟悉制图标准和图线的应用，掌握平面图形的绘制和尺寸标注。

二、实训内容

绘制简单的平面图形。

三、实训要求

1. 图名：平面图形。
2. A3图幅，比例1：1，图号001。
3. 投影正确，图面布置合理。
4. 线型分明，图面整洁。
5. 尺寸标注符合制图标准。

四、实训步骤

1. 准备好绘图工具并将图纸固定在图板上。
2. 绘制图框和标题栏，确定图形位置。
3. 用各种图线绘制平面图形。
4. 标注尺寸，填写标题栏。

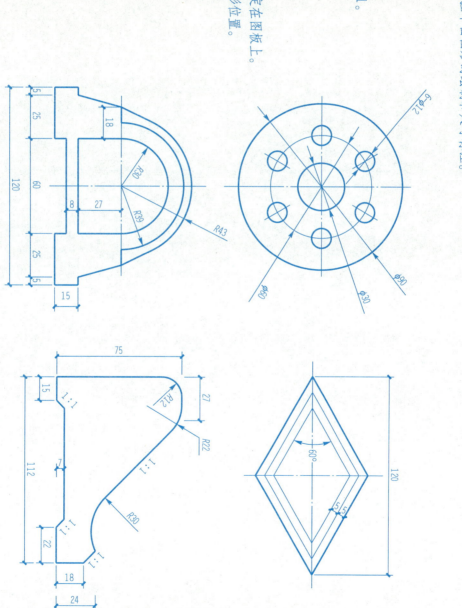

2—1 根据立体图找对应的三视图　　班级　　姓名　　学号

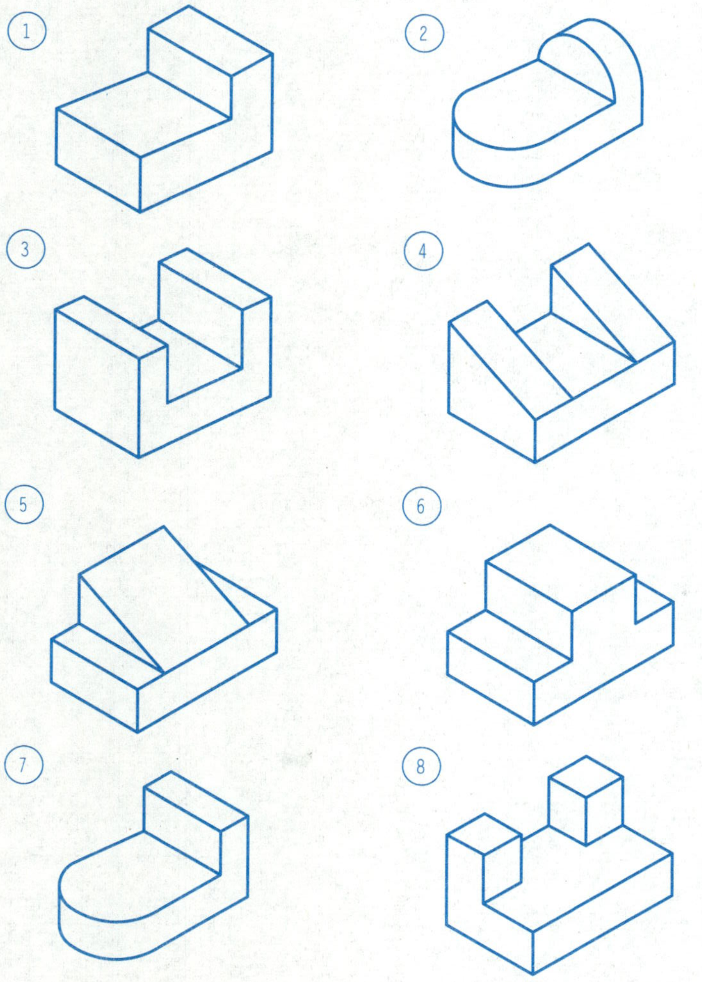

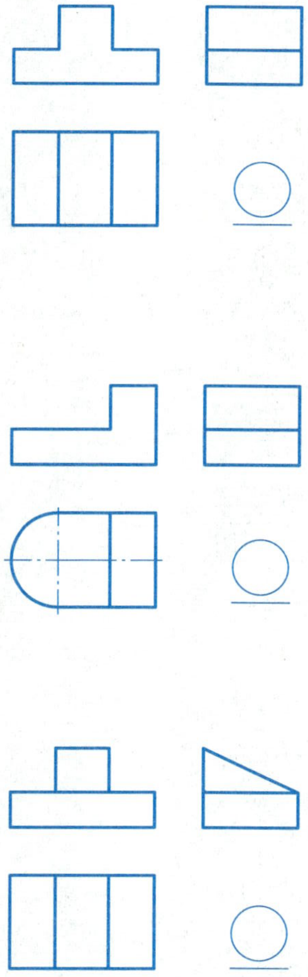

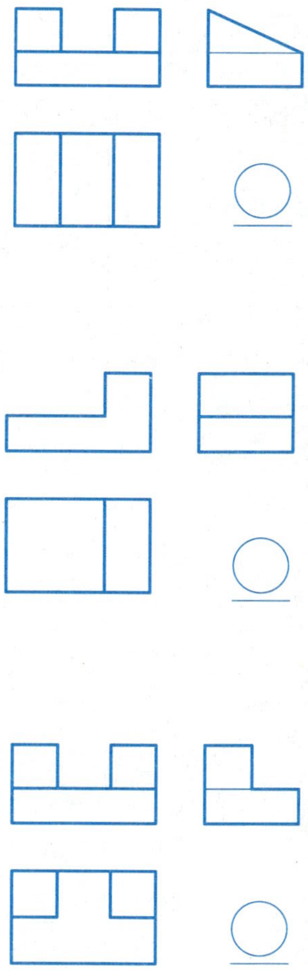

1.

4.

2.

5.

3.

6.

1.

2.

3.

4.

5.

6.

2—4 实训　　　　　　　班级　　　　姓名　　　　学号

一、实训目的

理解正投影的基本特性，掌握三视图的形成及其投影规律。

二、实训内容

根据立体图绘制物体的三视图。

三、实训要求

1. 图名：三视图。
2. A4图纸竖放，比例1：1，图号002。
3. 投影正确，图面布置合理。
4. 线型分明，符合制图标准。
5. 图面整洁。

四、实训步骤

1. 准备好绘图工具并将图纸固定在图板上。
2. 画图框、标题栏，确定图形位置。
3. 按投影规律绘制物体的三视图。
4. 检查并加深图形线条，填写标题栏。

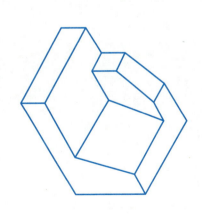
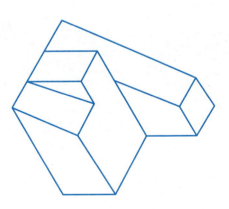

项目三 点、线、面的投影

3—1 点的投影

1. 根据立体图作出各点的两面投影。

2. 已知A（12，10，15）、B（0，10，8），试作出A，B两点的三面投影。

3. 已知A，B，C三点的两面投影，试求其第三面投影。

4. 已知点A距V面为25，点B距H面为10，点C在V面上，点D在H面上，补全各点的两面投影。

5. 在三视图上标出各点的投影，并判断重影点的可见性。

6. 已知A点（10，5，10），B点在A点的右、前、上各5mm，C点在B点的左、前、下各10mm，试作出A，B，C三点的三面投影。

班级	姓名	学号

1. 已知正平线 AB 距 V 面 15 mm，求 ab；并在 AB 线上找一点 M，与 H 面的距离为 18 mm。

2. 作直线 AB 的 W 面投影，并在 AB 线上找一点 C，使 AC：CB=3：2。

3. 判断 K 点是否在直线 AB 上。

4. 求直线 AB 的水平投影，并在直线 AB 上求一点 C，使其与 H，V 面等距。

5. 判断两直线的相对位置。

（　）　　　　　　　（　）

6. 已知直线 AB、CD 相交，试完成各投影图。

7. 过 A 点作直线 AB 的投影，使其与直线 CD 相交。

8. 作一直线与 AB、CD 两直线相交，并满足条件：
（1）离 H 面为 15 mm　　（2）平行于 OX 轴　　（3）平行于 EF 直线

9. 标出重影点的投影，并判断其可见性。

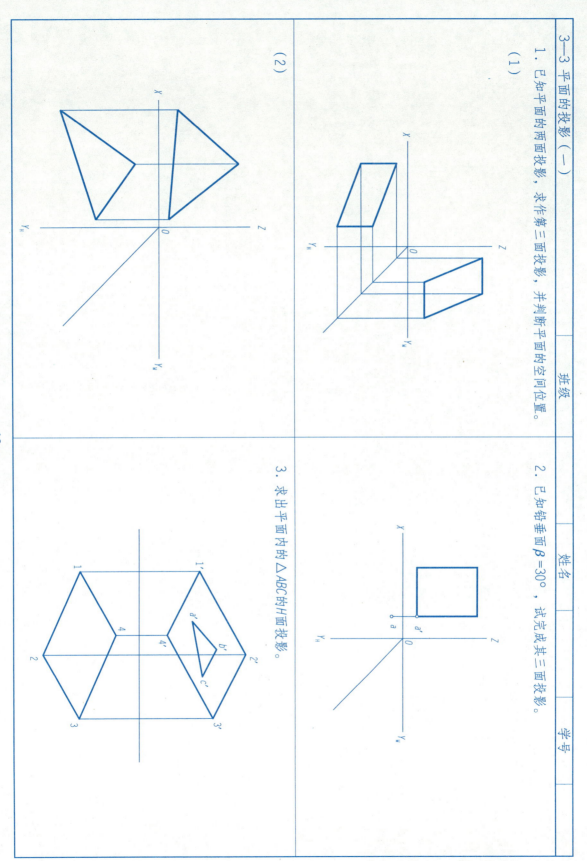

3—3 平面的投影（一）   班级   姓名   学号

1. 已知平面的两面投影，求作第三面投影，并判断平面的空间位置。

（1）

2. 已知铅垂面 β＝30°，试完成其三面投影。

（2）

3. 求出平面内的△ABC的H面投影。

4. 过A点在△ABC平面内作水平线，过E点在△EFG平面内做正平线。

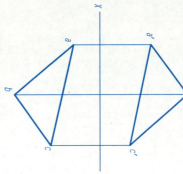

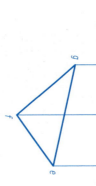

5. 求△ABC平面上K点的正面投影和水平投影。

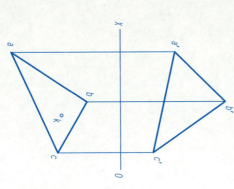

6. 求△GEF平面上K点的水平投影。

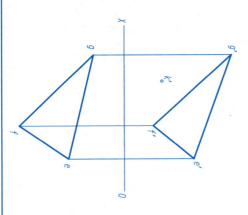

一、实训目的

掌握各种位置平面投影的作图方法。

二、实训内容

根据平面的两面投影，补画第三面投影。

三、实训要求

1. 图名：平面的投影。
2. A4图纸竖放，比例自拟，图号003。
3. 投影正确，图面布置合理。
4. 线型分明，符合制图标准。
5. 图面整洁。

四、实训步骤

1. 画投影轴，平面两面投影。
2. 根据投影规律补画第三面投影。
3. 加深图线，完成作图。

（1）

（2）

班级	姓名	学号

4—1　平面体

根据已知条件完成平面体的三视图。

1. 高度为20的正五棱柱。

2. 锥高为25的正六棱锥。

3. 高度为15的四棱台。

4. 高度为20的直八棱柱。

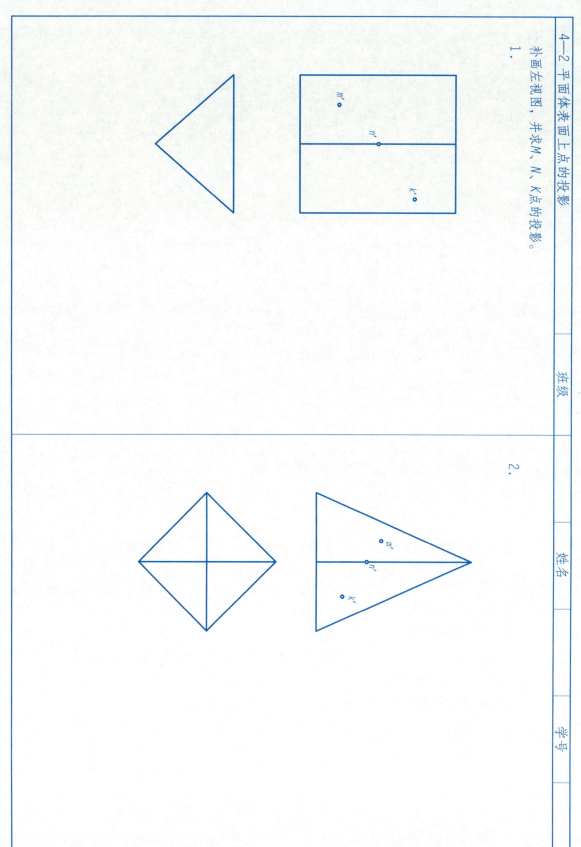

4—2 平面体表面上点的投影

班级　　　　姓名　　　　学号

1.
补画左视图，并求M，N，K点的投影。

2.

— 17 —

根据已知条件完成曲面体的三视图。

1. 长度为20的半圆锥。

2. 长度为20的半圆台。

3. 圆台与半圆球叠加。

4. 半圆球与圆柱叠加。

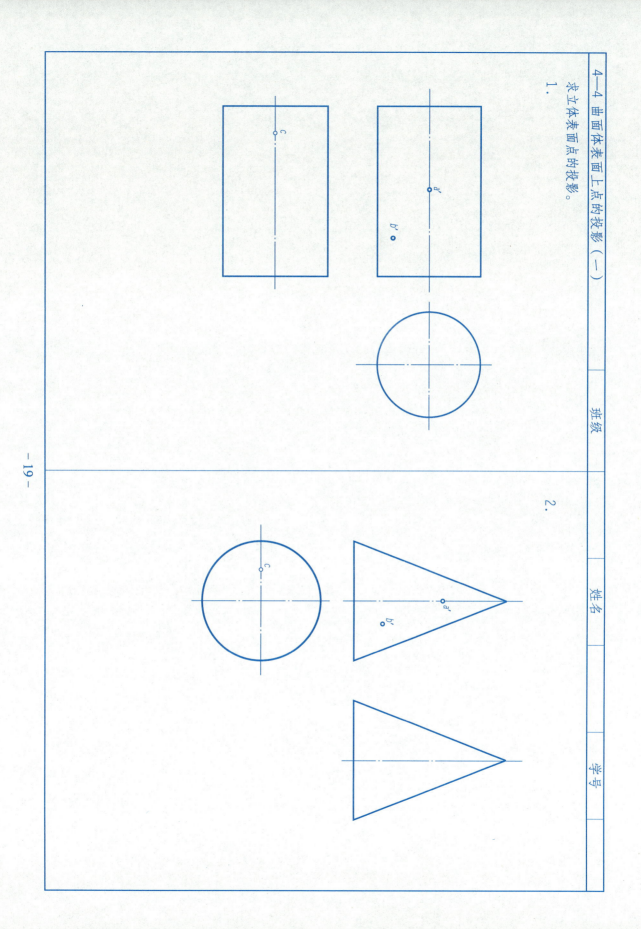

求立体表面上点的投影。

4—4 曲面体表面上点的投影（一）

班级　　　姓名　　　学号

1.

2.

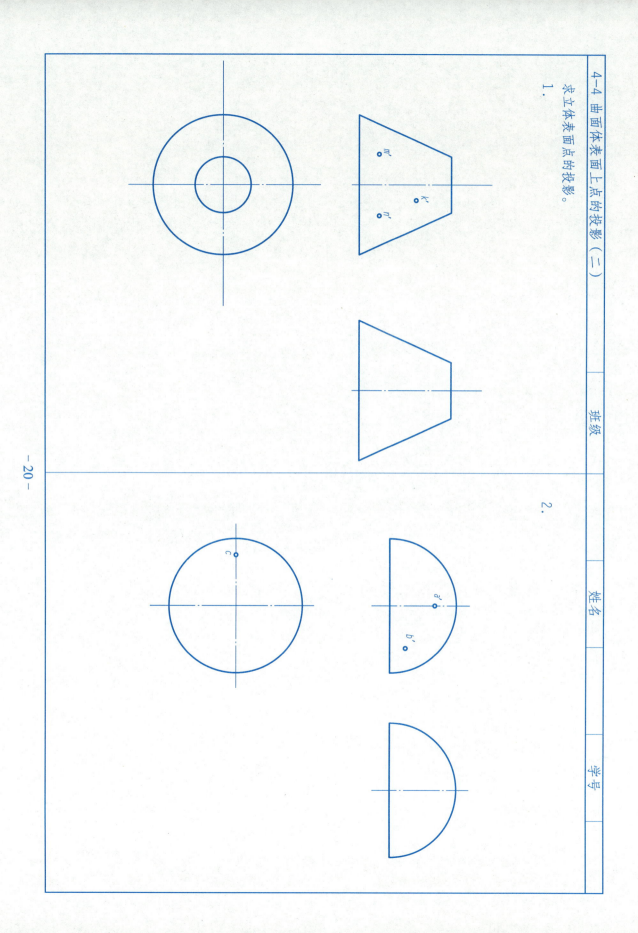

4-4 曲面体表面上点的投影（二）

班级　　　　姓名　　　　学号

1.

求立体表面点的投影。

2.

根据立体图画三视图（尺寸从图中量取）。

1.

2.

3.

4.

4—6 实训

班级		姓名		学号	

一、实训目的

掌握基本体投影特性和简单体三视图的识读和作图方法。

二、实训内容

根据两视图，补画第三视图。

三、实训要求

1. 图名：三视图。

2. A4图纸竖放，比例自拟，图号004。

3. 投影正确，图面布置合理。

4. 线型分明，符合制图标准。

5. 图面整洁。

四、实训步骤

1. 抄绘已知两视图。

2. 根据投影规律补画第三视图。

3. 加深图线，完成作图。

1.

2.

5—1　平面体正等测图

班级　　　姓名　　　学号

1. 根据视图画正等测图。

2. 根据视图画正等测图。

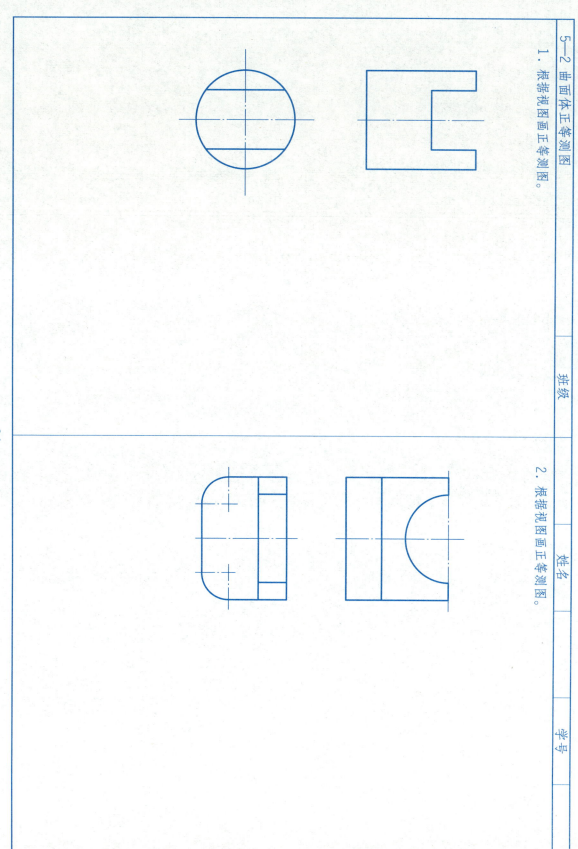

5—2 曲面体正等测图

1. 根据视图画正等测图。

2. 根据视图画正等测图。

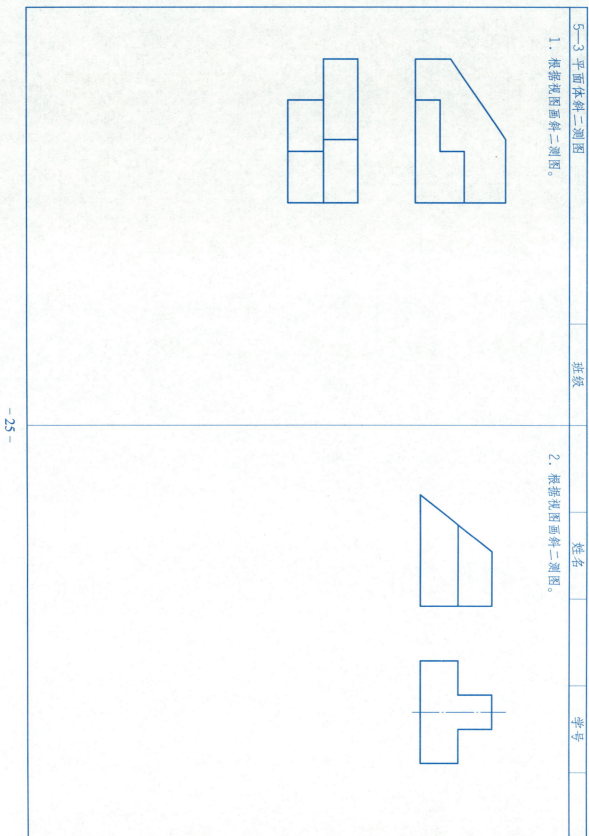

5—3 平面体斜二测图

1. 根据视图画斜二测图。

班级　　姓名　　学号

2. 根据视图画斜二测图。

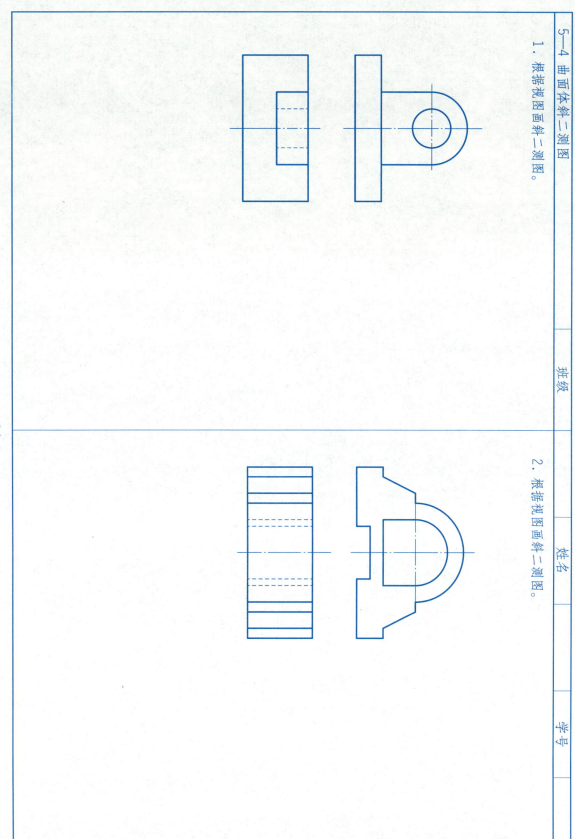

5—4 曲面体斜二测图

1. 根据视图画斜二测图。

2. 根据视图画斜二测图。

班级　　姓名　　学号

5—5 实训

班级　　　　姓名　　　　学号

一、实训目的

培养空间想象力，提高读图能力，掌握轴测图的绘制方法。

二、实训内容

根据主视图和俯视图，绘制斜二测图。

三、实训要求

1. 图名：物体斜二测图。
2. A4图纸竖放，比例1：1，图号005。
3. 投影正确，图面布置合理。
4. 线型分明，符合制图标准。
5. 图面整洁。

四、实训步骤

1. 识读两视图。
2. 抄绘主视图和俯视图。
3. 根据两视图补画斜二测图。
4. 加深图线，完成作图。

－27－

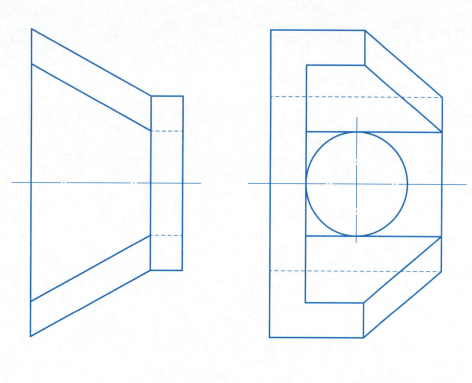

班级　　　　姓名　　　　学号

6—1 平面体表面的截交线

1. 补画截断体侧面投影。

2. 求截交线的投影，并补画侧面投影。

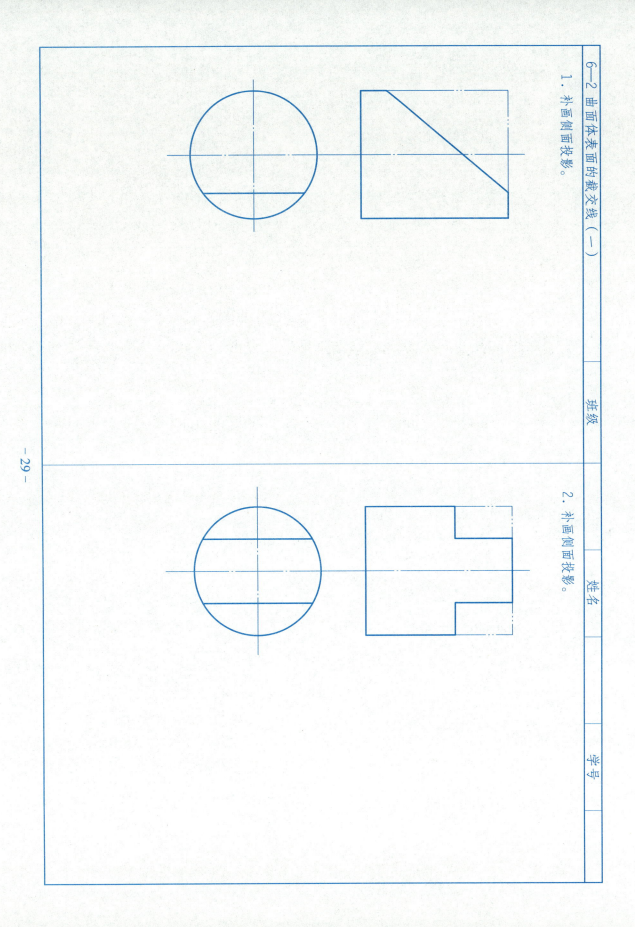

6—2 曲面体表面的截交线（一）　　　班级　　　姓名　　　学号

1. 补画侧面投影。

2. 补画侧面投影。

－ 29 －

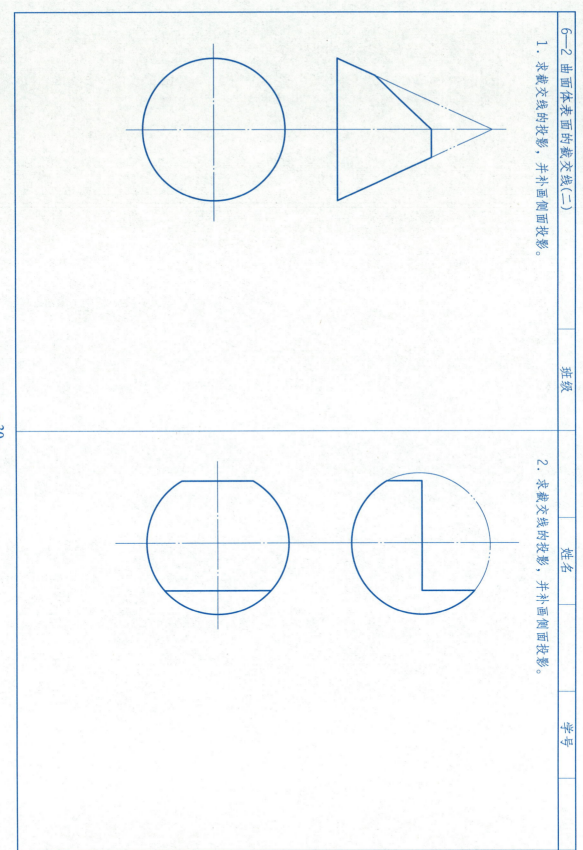

1. 求截交线的投影，并补画侧面投影。

2. 求截交线的投影，并补画侧面投影。

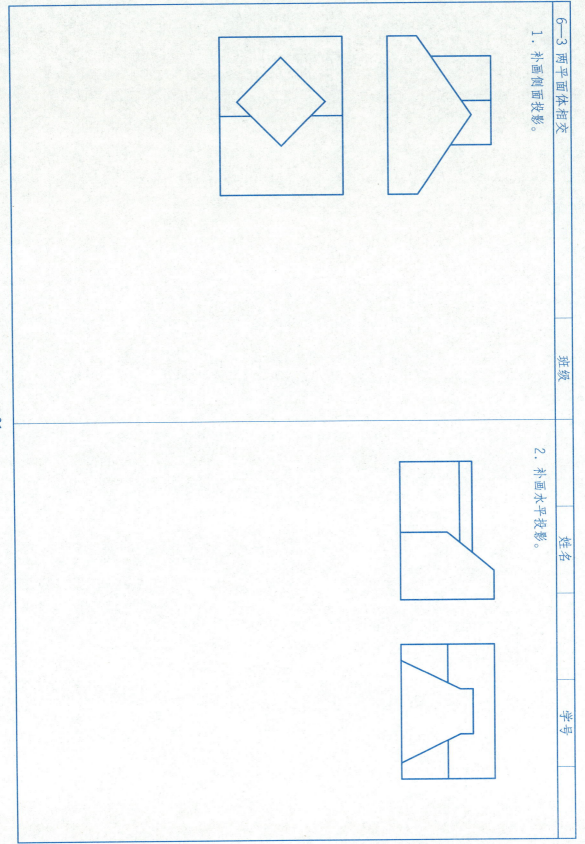

6—3 两平面体相交　　　　　　　班级　　　　姓名　　　　学号

1. 补画侧面投影。

2. 补画水平投影。

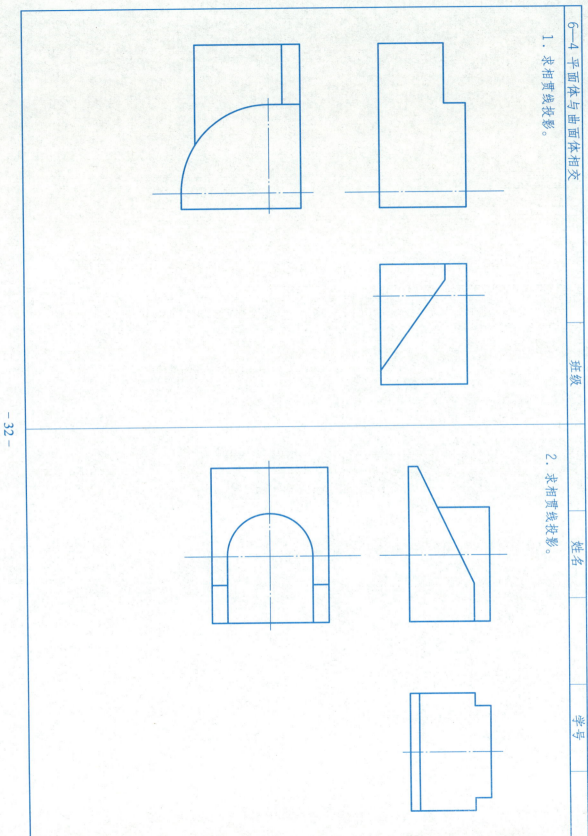

6—4 平面体与曲面体相关

班级　　　姓名　　　学号

1. 求相贯线投影。

2. 求相贯线投影。

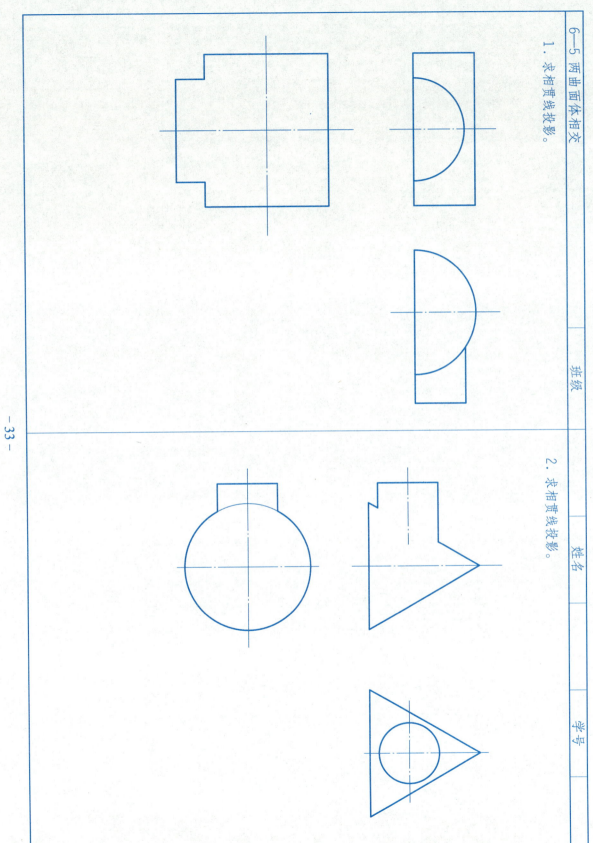

6—5 两曲面体相交

1. 求相贯线投影。

2. 求相贯线投影。

班级　　　姓名　　　学号

— 33 —

一、实训目的

掌握两立体表面相交，相贯线的作图方法和作图原理。

二、实训内容

求两平面体相交，相贯线的投影。

三、实训要求

1. 图名：平面体相贯线。
2. A4图纸竖放，比例自拟，图号006。
3. 投影正确，图面布置合理。
4. 线型分明，符合制图标准。
5. 图面整洁。

四、实训步骤

1. 完成相交立体的三视图。
2. 求立体表面的交线。
3. 加深图线完成作图。

7—1 组合体视图的画法（一）

班级	姓名	学号

1. 根据立体图画组合体三视图，尺寸从图中量取，比例1：1。

1.

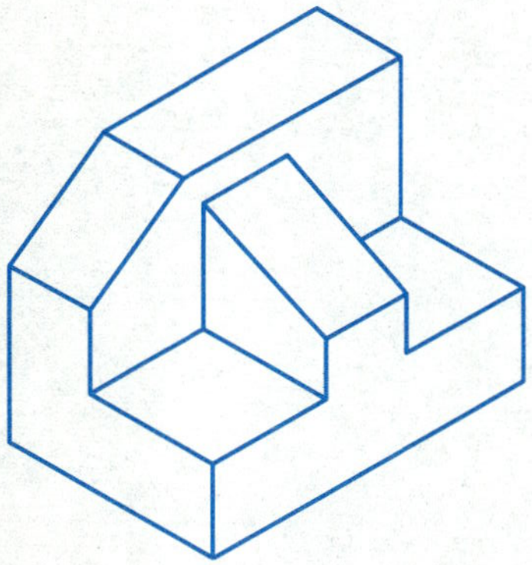

2.

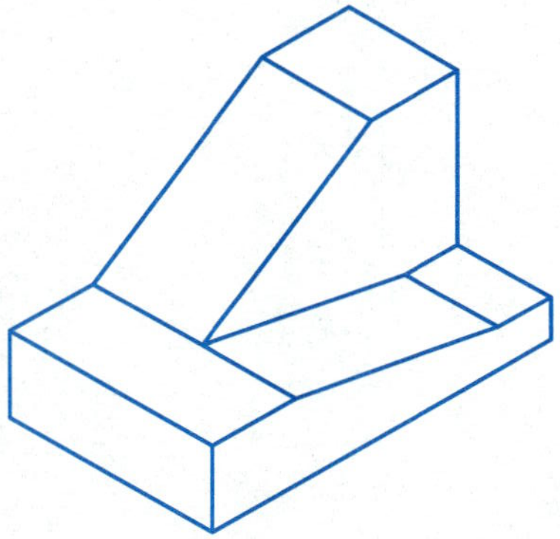

7—1 组合体视图的画法（二）　　班级　　姓名　　学号

根据立体图画组合体三视图，尺寸从图中量取，比例1：1。

1.

2.

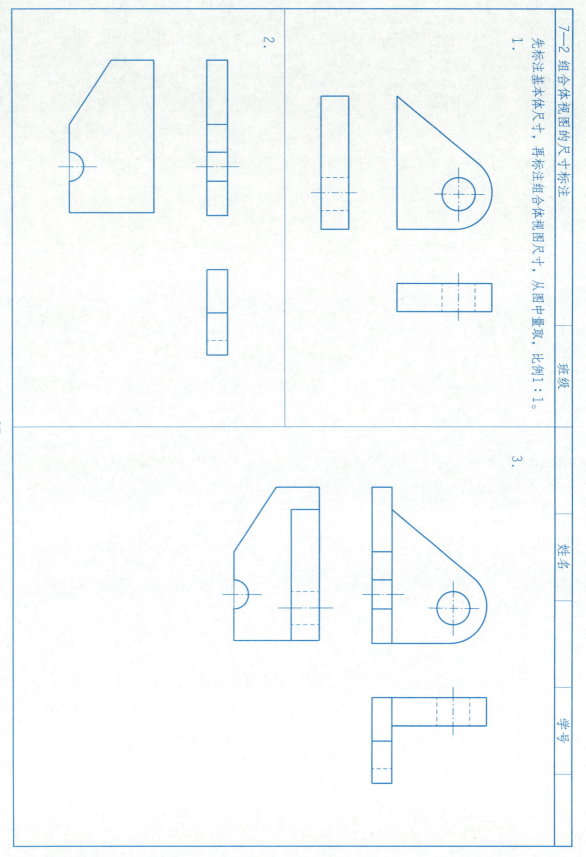

1.

3.

2.

4.

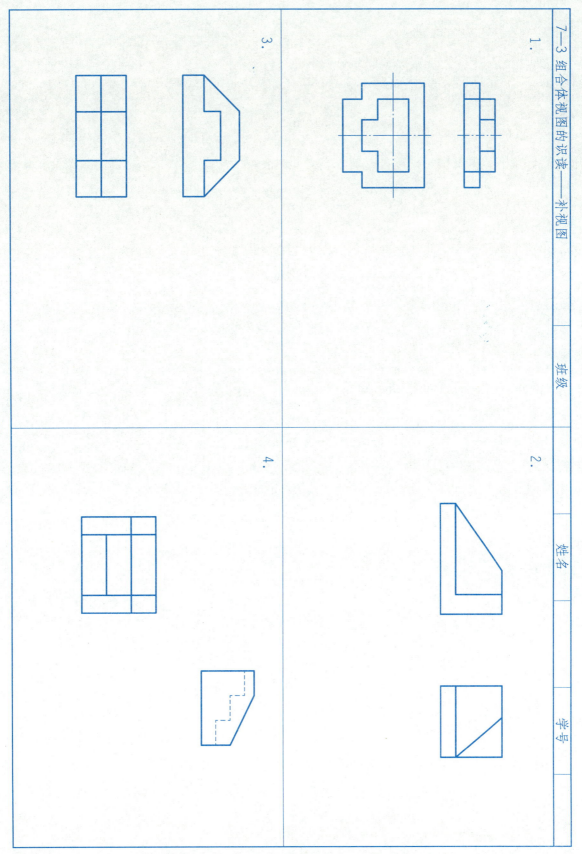

1.

2.

3.

4.

1. 构思两个不同形体，画出左视图。

2. 构思两个不同形体，画出左视图。

3. 构思两个不同形体，画出主视图。

4. 构思两个不同形体，画出主视图。

7—5 实训

班级　　姓名　　学号

一、实训目的
掌握组合体视图的画法。

二、实训内容
根据轴测图，画组合体三视图并标注尺寸。

三、实训要求
1. 图名：矩形架。
2. A4图纸竖放，比例自拟，图号007—1。
3. 投影正确，图面布置合理。
4. 线型分明，符合制图标准。
5. 图面整洁。

四、实训步骤
1. 完成组合体三视图。
2. 检查，加深图线。
3. 标注尺寸，完成作图。

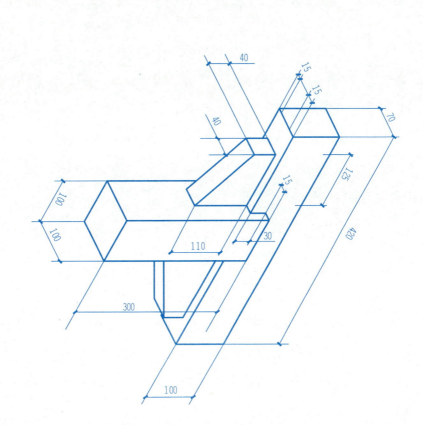

項目八 建筑图样画法

8—1 视图(一)

1. 已知主视图和俯视图，求作左视图、右视图、仰视图、后视图。

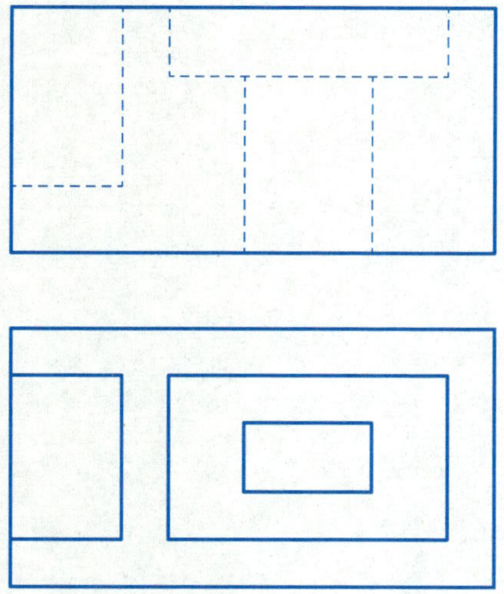

班级		姓名		学号	

8—1 视图（二）

2. 作出A向视图。

班级　　　姓名　　　学号

A向

A向旋转

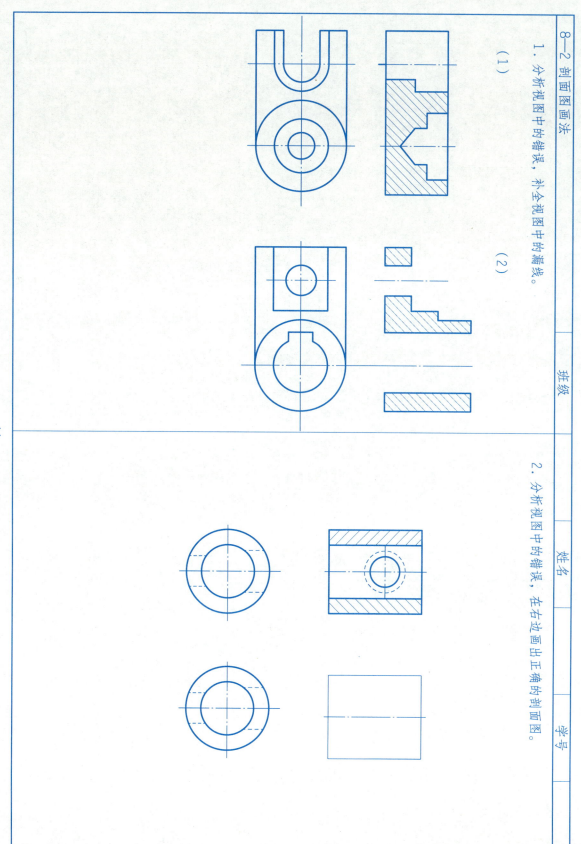

8—2 剖面图画法

班级　　　　姓名　　　　学号

1. 分析视图中的错误，补全视图中的漏线。

（1）　　　　　　　　　　（2）

2. 分析视图中的错误，在右边画出正确的剖面图。

— 44 —

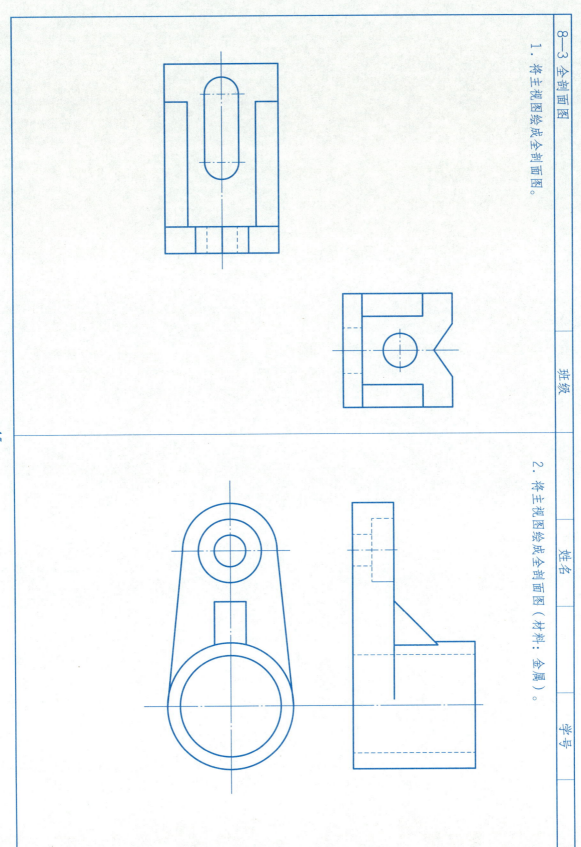

1. 将主视图绘成全剖面图。

2. 将主视图绘成全剖面图（材料：金属）。

班级　　　　姓名　　　　学号

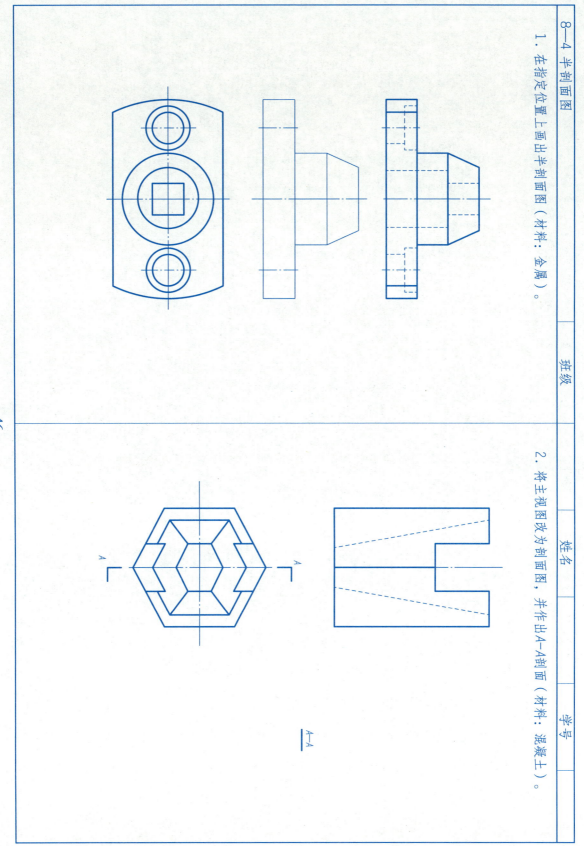

8—4 半剖面图

1. 在指定位置上画出半剖面图（材料：金属）。

2. 将主视图改为剖面图，并作出 A—A 剖面（材料：混凝土）。

A—A

班级　　姓名　　学号

— 46 —

8—5 局部剖面图

班级　　　姓名　　　学号

1. 在指定位置上画出局部剖面图。

2. 分析图中的错误，在右边画出正确的局部剖面图。

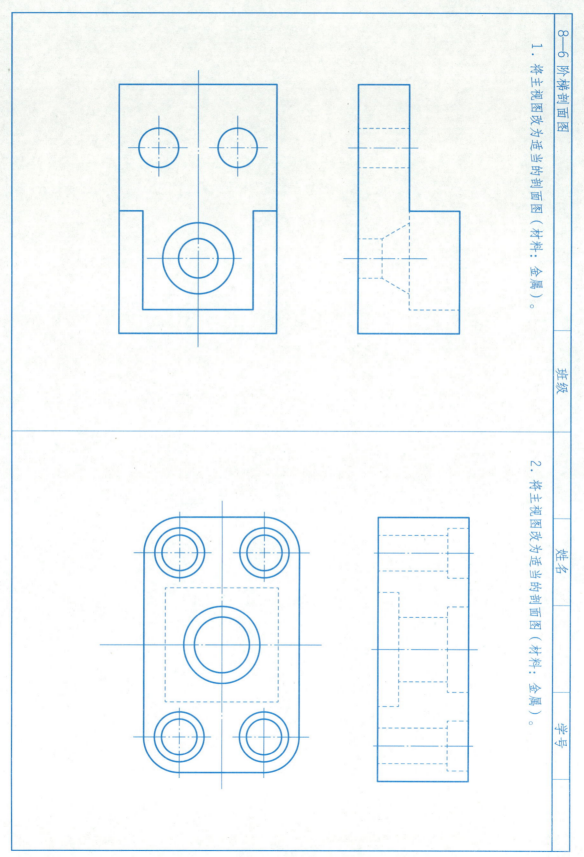

1. 将主视图改为适当的剖面图（材料：金属）。

2. 将主视图改为适当的剖面图（材料：金属）。

班级　　　姓名　　　学号

1. 画出钢筋混凝土梁的B—B断面图。

一、实训目的

了解剖面图和断面图的应用，掌握形体的表达方法及其尺寸标注。

二、实训内容

绘制形体三视图。

三、实训要求

1. 用A4的图幅（210×297）绘制，比例自定。
2. 图名：剖面图，图号：008。
3. 图线和尺寸标注符合制图标准。

四、实训步骤

1. 识读轴测图。
2. 采用适当表达方式，绘制视图和剖面图。
3. 标注尺寸并填写标题栏。

尺寸从图中量取，材料均为钢筋混凝土。

班级		姓名		学号	

9—1 钢筋混凝土结构图的识读(一)

1. 已知梁中受力钢筋为HRB335级钢筋,直径是16 mm;架立钢筋为HPB300级钢筋,直径是12 mm;箍筋为HPB300级钢筋,直径是8 mm,间距为100 mm。试对梁立面图和断面图中的钢筋进行标注,并画出钢筋详图(不考虑尺寸,只画形状)。

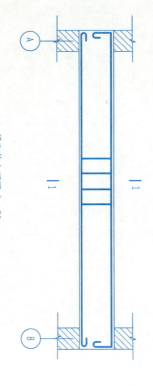

梁配筋立面图 1:50

1—1 1:20

钢筋详图

2. 根据梁的配筋立面图，钢筋详图和1—1断面图，绘制2—2断面图（钢筋保护层厚度为25mm）。

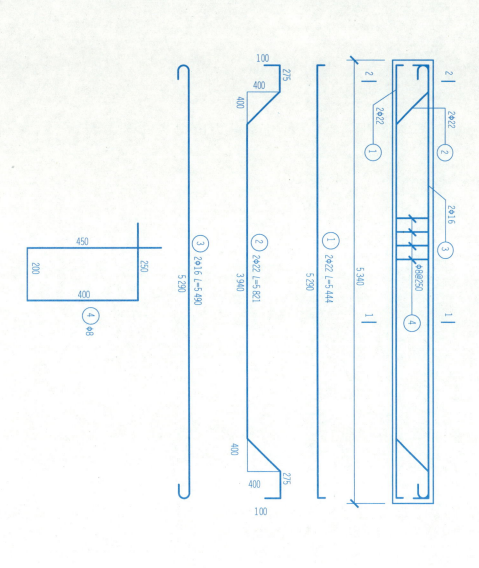

2—2 1：25

9—2 钢筋混凝土构件平面整体表示方法

已知多跨梁的平面布置图，绘制1—1和2—2断面图（板厚100 mm）。

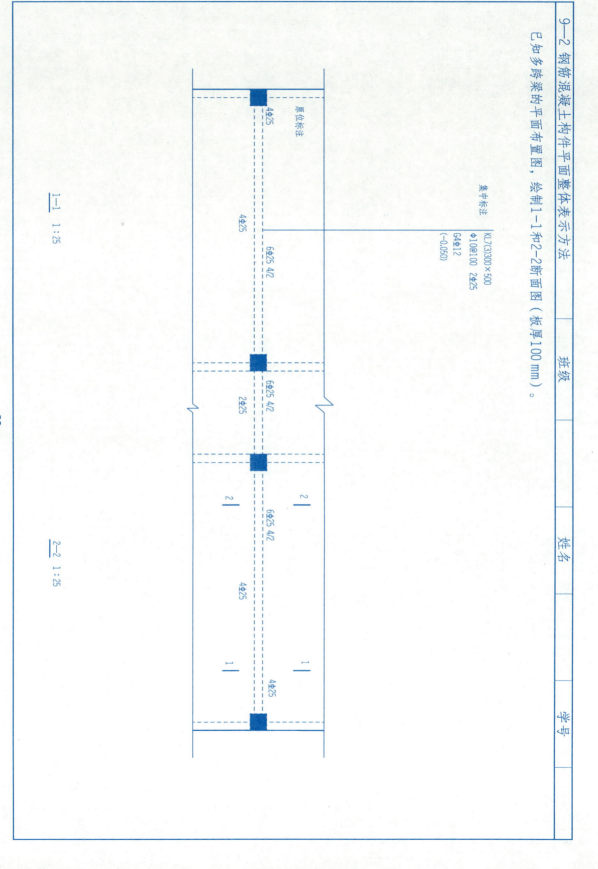

集中标注

KL7(3)300×500
Φ10@100　2Φ25
G4Φ12
(−0.050)

原位标注

4Φ25

4Φ25　　6Φ25 4/2

6Φ25 4/2
2Φ25

6Φ25 4/2
4Φ25

4Φ25

1—1　1:25

2—2　1:25

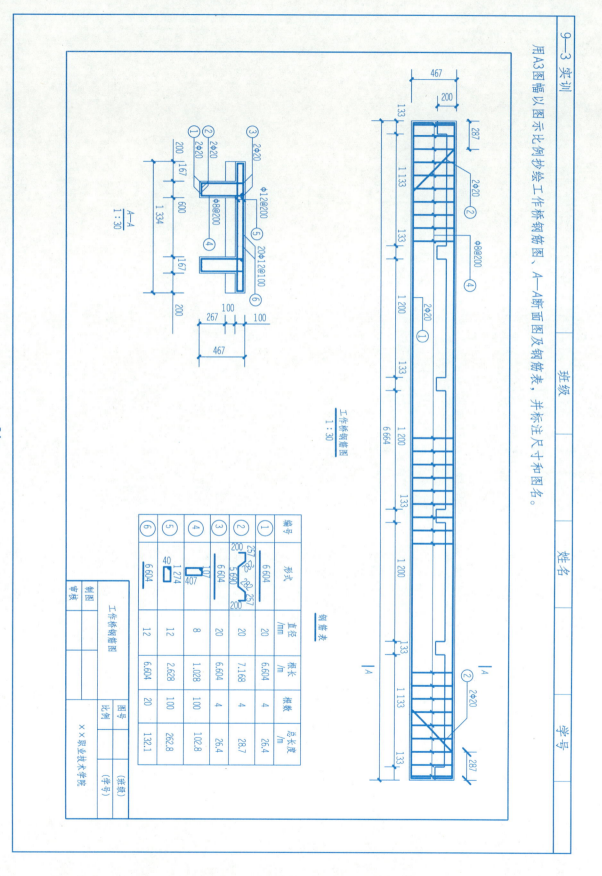

用A3图幅以图示比例抄绘工作桥钢筋图，A—A断面图及钢筋表，并标注尺寸和图名。

班级　　　　　　姓名　　　　　　学号

工作桥钢筋图
1：30

A—A
1：30

钢筋表

编号	形式	直径 /mm	根长 /m	根数	总长度 /m
①		20	6.604	4	26.4
②		20	7.168	4	28.7
③		20	6.604	4	26.4
④		8	1.028	100	102.8
⑤		12	2.628	100	262.8
⑥		12	6.604	20	132.1

工作桥钢筋图	图号		
	比例		
制图		（班级）	
审核		（学号）	
××职业技术学院			

项目十 建筑施工图

班级　　　　　　姓名　　　　　　学号

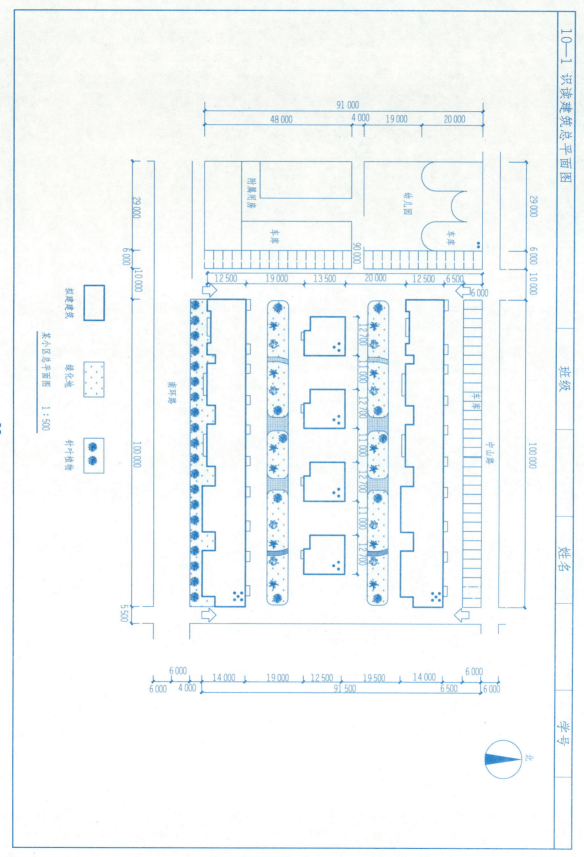

附属用房　车库　幼儿园　车库

91 000
48 000　4 000　19 000　20 000
29 000　6 000　10 000
90 000
12 500　19 000　13 500　20 000　12 500　6 500　6 000
100 000

中山路
车库

29 000
6 000
10 000
南环路
100 000
5 500
12 700　11 000　12 700　11 000　12 700　11 000　12 700

6 000　14 000　19 000　12 500　19 500　14 000　6 000
6 000　4 000　91 500　6 500　6 000

北

拟建建筑　　　绿化地　　　针叶植物

某小区总平面图　1：500

班级　　姓名　　学号

底层平面图 1:100

二层平面图 1:100

顶层平面图 1:100

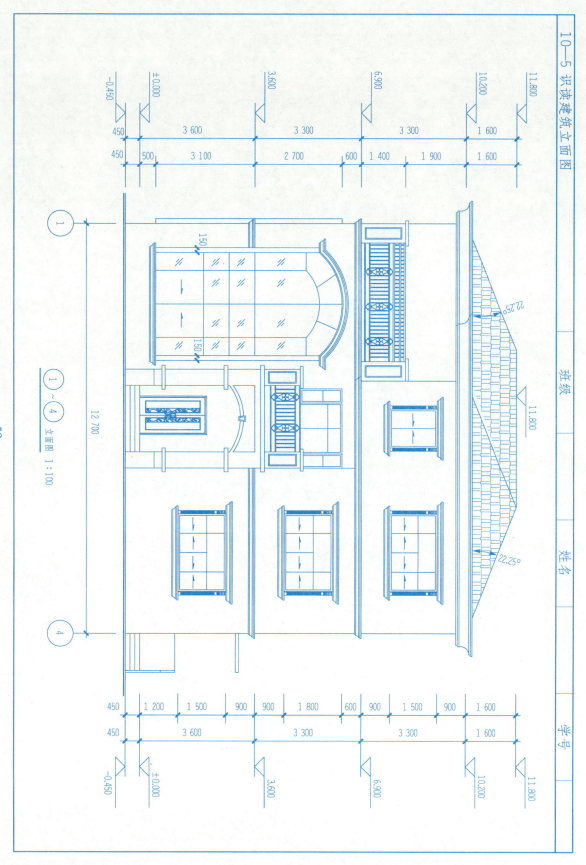

1~4 立面图 1:100

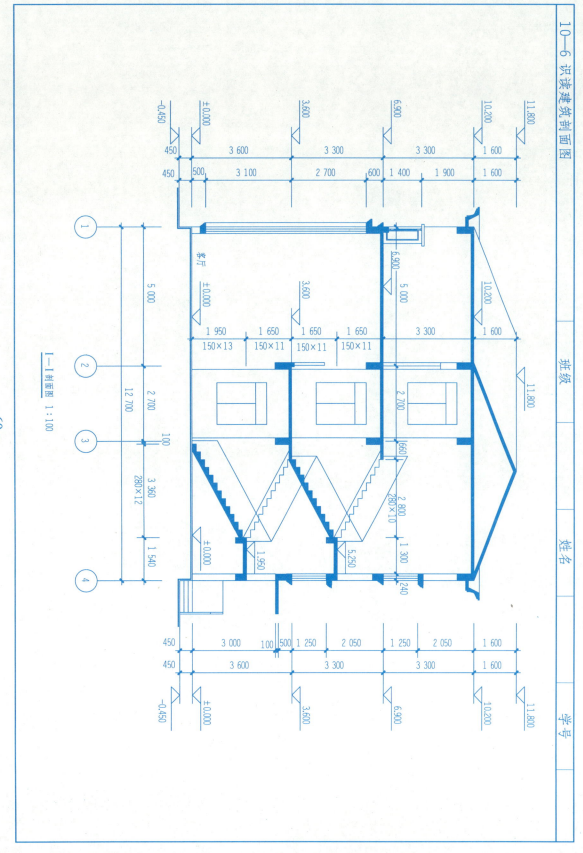

10—6 识读建筑剖面图

班级　　姓名　　学号

I—I 剖面图　1:100

—60—

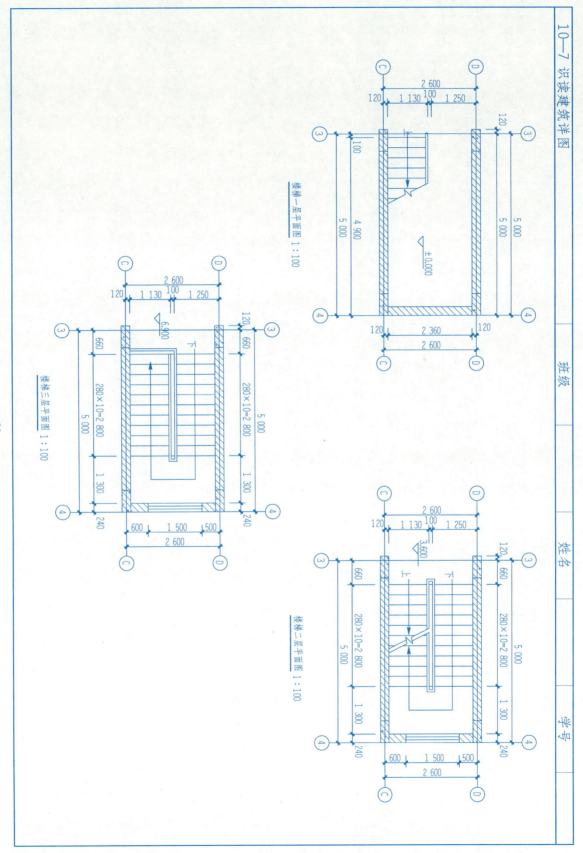

楼梯一层平面图 1:100

楼梯三层平面图 1:100

楼梯二层平面图 1:100

班级　　姓名　　学号